超级销售细节大全集：
电话、服装、保险和网店
（图解案例版）

汇智书源 ◎编著

U0657310

中国铁道出版社
CHINA RAILWAY PUBLISHING HOUSE

内 容 简 介

伟大的推销员乔·吉拉德说过："销售成功的机会无处不在，无时不有，遍布于每一个细节之中。"对于销售工作来说，细节体现修养，细节展现魅力，细节决定成败。把销售过程中每一个细节做深做透，成功也就会水到渠成。

本书结合真实销售案例场景，对电话、服装、保险和网店等销售过程进行了全面的剖析，找出了其中至关重要的细节，并给出了即学即会的操作技巧和训练方法，同时还融入了诸多销售成功人士的宝贵经验，对于从事销售工作的人员有很强的指导和借鉴价值。

图书在版编目（CIP）数据

超级销售细节大全集：电话、服装、保险和网店：图解案例版 / 汇智书源编著. — 北京：中国铁道出版社，2016.6
ISBN 978-7-113-21620-7

Ⅰ. ①超… Ⅱ. ①汇… Ⅲ. ①销售－方法 Ⅳ. ①F713.3

中国版本图书馆 CIP 数据核字（2016）第 052619 号

书　　名：超级销售细节大全集：电话、服装、保险和网店（图解案例版）
作　　者：汇智书源　编著

策　　划：武文斌　　　　　　　　　读者热线电话：010-63560056
责任编辑：苏　茜
责任印制：赵星辰　　　　　　　　　封面设计：MXK DESIGN STUDIO

出版发行：中国铁道出版社（北京市西城区右安门西街 8 号　　邮政编码：100054）
印　　刷：三河市华业印务有限公司
版　　次：2016 年 6 月第 1 版　　　　　2016 年 6 月第 1 次印刷
开　　本：700mm×1000mm　1/16　　印张：16.25　　字数：293 千
书　　号：ISBN 978-7-113-21620-7
定　　价：39.00 元

前 言

FOREWORD

　　毋庸置疑，做销售是一项伟大的工作，也是一门科学、一门艺术，更是一场残酷的心理战。销售人员在业内的地位如何，能够取得怎样的业绩，在很大程度上取决于其与客户沟通、交际、博弈等细节掌控上的能力。

　　作为销售人员可能经常会面临以下几点困惑：

　　费尽口舌说了一大堆，客户就是不买账；

　　自己一再保证不会有问题，客户仍然持怀疑态度；

　　先前沟通非常顺畅，但最后要成交时客户却突然反悔；

　　自始至终稳操胜券的大单，一夜间却被竞争对手无情夺走……

　　销售人员经常惹人烦，自己也觉得销售不好做。究其根源，还是人们对销售行业了解不多，加之一些销售人员不注意细节、不讲究销售方法等。但根据调查显示，世界上 80% 的富豪都曾做过销售，销售员作为一种职业，既能充分发挥个人的能力，又能充分实现个人价值。

　　伟大的推销员乔·吉拉德说过："销售成功的机会无处不在，无时不有，遍布于每一个细节之中。"

　　"细节"在销售领域中的重要性是不容忽视的，如果忽视了任何一个小细节，都有可能导致全盘皆输，千万不要让这些小细节影响了大生意。如果销售人员能够真正把握细节，不仅能给客户留下良好的印象，还能在沟通过程中洞察客户的心理，挖掘客户语言中的潜台词和真正需求。

　　做销售就要特别注意细节，包括穿着打扮、言行举止和行为理念。没有细节也就没有销售，细节就是一件件小事，把一件件小事都做好才能做成大事。细节决定销售，推销在于细节，执行在于细节。

　　"天下难事，必作于易；天下大事，必作于细。"对于销售工作来说，细节体现修养，细节展现魅力，细节决定成败。把销售过程中每一个细节做深做透，成功也就会水到渠成。

失败者总是在寻找借口，成功者总是在寻找方法。我们要想在销售行业取得成功，首先要成为一名寻求办法的高手。只有掌握了销售细节和技巧，才能够事半功倍，成为真正的销售精英。

本书正是从电话、服装、保险和网店等销售人员的实际需求出发，汇集了诸多宝贵的销售经验，并详细阐述了销售中最容易忽略的细节问题。书中深入浅出讲述了销售细节的应用，并结合真实销售案例场景，对于广大销售朋友有很强的指导和借鉴价值。

希望通过阅读本书，能够帮助读者与客户建立长期合作的伙伴关系，销售业绩直线提升，让您快速成为令人瞩目的销售精英！

编　者

2016 年 5 月

CONTENTS

最新销售细节大全集：电话、服装、保险和网店

目 录

第1章 客户挖掘细节——找准对象才有销售机会

做销售要找准自己的销售方向,沿着这个方向发展下去才有机会成功。知己知彼才能百战不殆,如果连客户都没有找对,只不过是浪费时间罢了!

第2章 销售接洽细节——巧妙突破客户的"防火墙"

客户愿意接受你的产品或服务，是希望能够通过它们解决实际问题，心理上获得满足。销售人员只有巧妙地突破客户的心理防御，才能真正得到客户的认可。

第3章 销售礼仪细节——周到的礼仪是无声的名片

良好的礼仪形象是无声的名片，有了它，客户才会愉快地接受产品和服务。可以说，礼仪是销售工作的重要组成部分，它关系着销售后续环节能否顺利开展。

第4章 **产品介绍细节——在不动声色中牵引顾客购买意愿**

介绍产品是销售的必经阶段，也是关键阶段。客户购买不是因为产品好，而是对自己有好处。因此，销售人员要注意产品介绍的细节，激发客户的购买欲望。

第5章 化解拒绝细节——80%的生意都是在拒绝中完成的

"被拒绝"是非常令人头痛的事，销售更是如此。但销售多是从拒绝开始的，真正的销售高手，会找准机会巧妙地将顾客的拒绝化为无形，最终取得销售成功。

第6章 价格谈判细节——利用细节掌握价格主动权

销售就是一场博弈，面临两难的境地时，对峙会失败，妥协会失利。销售人员只有提升谈判能力，才能在价格博弈中掌握主动权。

第7章 非语言销售细节——身体姿势中泄露出的"天机"

销售重在"读心"，只有读懂客户的真正需求和心理，才能用对销售策略。而身体远比语言更加真实，解开身体语言密码，就能提高你辨识客户的能力。

第8章 销售心理细节——心理较量也是细节较量

销售不仅是一场心理较量，更是细节上的较量。销售人员只有了解客户的各种心理后，才能在细节上有针对性地采取应对措施，促进最后的成交。

第9章 成交技巧细节——促成销售的临门一脚

不论有多么努力，销售不成交就是"0"。因此，销售人员一定要把握好"临门一脚"的机会，在最后关头积极引导客户，促成交易。

第 10 章 应对客户异议细节——转化客户的异议为 购买力

做销售总会面对客户各种各样的异议，要学会正视顾客的异议，把
握好不同客户的异议处理技巧，逐一击破，将客户的异议转化为购买力。

第11章 电话销售细节——在通话细节中捕捉成交信号

与面对面销售不同，电话销售"不见其人，只闻其声"，可以说是靠嘴巴来创造财富的。因此，销售人员一定要留意销售细节，从话语中捕捉成交信号。

第12章 淘宝销售细节——提高店铺成交量的秘诀

淘宝上卖家云集，消费者的选择面也越来越广。要想战胜其他卖家，吸引更多的顾客，就必须做好销售细节，正确运用销售技巧。

第1章

客户挖掘细节——
找准对象才有销售机会

销售细节　　做销售要找准自己的销售方向，沿着这个方向发展下去才有机会成功。知己知彼才能百战不殆，如果连客户都没有找对，只不过是浪费时间罢了！

一、新客户挖掘必下的五步棋，做销售并不难

销售就是一个不断开发新客户，并把新客户变成老客户的过程。但是想要不断提升销售业绩，守着固定的几个老客户是行不通的，我们需要不断地发展开发潜在客户。新客户的加入，才能注入新的血液，特别是大的潜在客户的加入，对公司盈利有着重要影响。

特别提示

企业要健康平稳发展必须做好两件事：第一，实现合作客户忠诚度的最大化；第二，不断挖掘潜在客户并将其发展成合作客户。如果能够吸引新客户加入，从客户角度为其出谋划的，让新客户觉得你是他的得力助手，你的销售前途将是一片光明。

新客户的挖掘如下棋，需要经历一个过程，不能一开始就"将军"。棋要一步一步的走，销售要一步一步的推，挖掘新客户要走好"五步棋"。

（一）预则立，收集信息，挖掘客户

挖掘客户关键还是要做好准备工作，做好基础工作。俗话说得好，卖什么就吆喝什么，销售人员首先要具备一定的基础知识，包括产品的部件构成、品牌的优缺点、价格体系、市场策略和行业的发展状况等。

作为一名销售人员，收集有效信息并进行整合是最为重要的，做任何事情只有先了解再去做，成功的机会才会大一些。如果连一些基础情况都没有掌握，开发新客户无疑就是盲人摸象。

● 销售案例与分析

蔡全是一位服装代理商，前几天有位商友不停的向他问好、送礼包。对方刚

找上他时，蔡全就关注了这位商友的公司介绍，结果发现产品与本公司毫不相干：一来，蔡全不可能卖他的产品；二来，本公司不可能卖产品给他。

该商友注册有一年多的时间，职务是总经理，但他根本就不知道自己的客户群，盲目地找客户，浪费了不少时间。

● 技巧训练

1 对市场的了解认识，要有一个端正的态度和正确的方法，要多拜访几家批发商以便对市场进行判断和定位。

2 通过对区域市场各个环节进行深入的了解，掌握核心客户基本情况，这样开发客户才能有目的性、有针对性、有主动性。

3 在细节把握上，走访市场带着名片足矣，带太多东西容易引起客户的抵触心理。告知客户，拜访的主要目的是请教以及交流市场看法。

4 切忌初到一个新市场，就贸然进入大小店合作谈判，或者妄想一蹴而就，"瞎猫碰见死耗子"的侥幸心态要不得。

（二）根据所掌握信息，预约客户

● 案例场景

销售人员："请问是××商贸的张老板吗？不好意思打扰了。"

张老板："我是。你是哪位，有什么事吗？"

销售人员："是这样的，我是××公司的销售人员李婵，我们公司正在寻求市场合作伙伴。通过对市场的了解，得知您在此行业资历很深，想找个时间请教您，不知是否方便？"

张老板："可以。"

销售人员："那我明天上午9点钟，还是下午去拜访您？"

……

销售人员在对市场有全面的了解后，就会对目标客户有一个清晰的认识，这时就可以按照遴选合作客户的条件，对潜在客户进行排位。那些具备先进的经营理念、有品牌意识、有思路、懂管理的客户当然是我们的首选。

做好客户排名后，销售人员就可以安排电话预约拜访了，根据拜访时间安排做一份时间表。

在正式拜访之前，还需要对每位目标客户做一份有针对性的商业计划。其内容包括：客户的生意分析、在行业内的优劣势、还有哪些方面需要改进和提升。在此基础上，结合自己产品的优势，能够更加有效地说服客户。

（三）安排正式拜访客户的步骤

经过前期的准备和投入，销售人员便可以将拜访提上日程了。既然客户给了展示产品和探讨思路的机会，销售人员就应该好好把握，让客户正确认识、了解并接受我们的产品。

销售人员约见客户应该安排在客户不太忙的时候，让客户能够从容了解产品给他带来的好处。

那么销售人员应该跟客户谈什么呢？

谈客户期盼的方案，而不是标准答案

一般，合同主要内容包括：付款方式、物流承担、任务额度等几项内容，这些东西大家都备有标准答案，无须5分钟就可以谈完。那么我们跟客户谈什么呢？谈哪些东西是客户期盼的方案。

规划生意，布局市场

只有让客户清楚，该品牌有一套成熟的运作市场模式，而且在相邻市场已经被证明是成功的，打开他的从众心理，打消他的顾虑，必须让他相信做该品牌代理没有任何市场风险，客户才会接受现款后货的结算模式。

这次合作机会将给客户带来什么好处

要从客户的角度逐条分析，本次合作会给他带来多大的收益，这才是他所真正关心的，至于双赢，则是自然的结果。切忌少用"我们要求""公司规定"这些字眼，而是多用"如果这么做，会给您带来什么"语句。

另一方面，客户也会对合作进行波段评估推理。客户购买思维动机解析如下：

1 对方是谁？从评估到判断推理，判断为骗子，马上拒之门外；判断为正规公司业务，可以以礼相待。

2 这桩合作，我是否有风险？评估在最糟糕的运作下，我会损失多少？这个损失幅度是否在我的承受范围之内。

3 通过双方共同努力，该项目应该能够赚钱，那么投产比是多少，投入这个项目是否划算？这个钱是否能够赚得久、赚得稳当？

4 除了经济方面的收益之外，该项目会促进我的名誉地位吗？由此，会有更多的名牌厂家来找我合作吗？

将产品与合作计划展现给客户后，也许客户会动心，但也不会立刻答应合作。这时销售人员要给客户一个思考的空间，让客户认真全面考量合作的好处，了解双方合作的积极意义。

（四）扫描潜在客户，锁定目标客户

拜访客户后，销售人员还要跟进客户，根据实际情况对每位客户进行细致的梳理排队，认真思考客户对产品的需求。根据梳理的情况，对不同的客户进行不同的跟进。

销售人员第一次拜访结束后，要为下一次拜访埋下伏笔，约定下一次拜访的机会，在恰当的时机对合作的具体条件达成共识，向签订合同的方向推进。

（五）运用排除法，最终锁定合作客户

把所有的希望都寄托在一个客户身上是非常危险的行为，销售人员必须明白谁愿意与我们合作，然后由我们定夺客户。而不是我们愿意与哪位客户合作，从而丧失了主动权。

因此，要先确定有合作意愿的客户名单，从中进行优选，以公司领导需要最后审核为噱头不急于答应合作，逐一与每一个准客户轮番谈判，始终把握谈判主动权，运用排除法，最终锁定客户。

销售技巧　挖掘新客户是公司发展的大事，销售人员切不可轻视。要想得到新客户，销售人员一定要做好准备，研究市场行情和客户的需求，从而准确快速与新客户达成合作协议。

二、开发新客户技巧，使销售名单尽收眼底

众所周知，做销售开发新客户是必须的。所以在销售行业，对如何开发新客户的探讨几乎从未停止过。很多人都说新客户开发很难，但正所谓行行有高手，擅长开发新客户的高手销售人员并不鲜见。

特别提示　寻找客户也有一套方法，不能太盲目。市场是最大的教室，客户是最好的老师，销售人员要懂得在实践中多听、多看、多思考。

根据经验，开发新客户一般有以下几种方法。

（一）企业内部搜索法

销售人员搜索准客户，应该先从本企业内部获得有关客户的信息资料。通过以往的记录与合作，销售人员能够准确快捷地找到准客户，省时省力，往往有事

半功倍的效果。

　　张妍所在的公司新生产出一批服装，需要找代理商进行销售。但是应该从何处下手呢？经过思考，张妍想到了公司的客户名册，这可是一条重要线索。

　　张妍在公司的各个部门寻找有效的线索，最后她发现最有价值的还是财务部门所保存的会计账目。仔细查阅本单位与客户之间的往来账目，张妍从中发现许多虽已很少往来却极富潜能的客户。

（二）人际连锁效应法

　　人脉就是钱脉，可以说人脉是通往财富和成功的入场券。销售人员可以通过老客户来挖掘潜在客户，老客户也有其他的合作伙伴和朋友，通过老客户的配合协助经常可以找到许多准客户。

　　因此，销售人员千万不要忽视老客户，要学会培养一些忠诚的客户，并运用这些客户介绍的力量获得更多的准客户名单。每个人背后都有几百个朋友，而人天生有分享的习惯。如此逐渐裂变，一生二，二生四，四生八……这样就会事半功倍。

　　这种方法需要销售人员有良好的销售技巧与坚持不懈的工作毅力。请求亲友为你做介绍，推荐他们的熟人做你的准客户。这些都是建立在良好的人缘基础之上的，成功率比较大。

（三）市场调查走访法

　　两兄弟在村里贩卖小商品，一年夏天，弟弟对哥哥说："咱们总在这个村附近也不是办法，应该到比较远点的地方去找找市场。"

　　商量过后，他们便背着沉重的商品出发了，他们辛苦地爬过一座山头，准备到另一个村落里做买卖。天气太热，汗水湿透了他们的衣服，哥哥擦着满身的汗说："太热了！以后再也不要到这种地方做生意了。"

弟弟笑着回答："我的想法跟你不一样，我想这座山如果再高几倍，那该有多好。"

哥哥不以为然，抱怨地说："你爬糊涂了，山当然要越低越好。"

弟弟说："如果山很高的话，许多商人都会知难而退，这样我们就可以多做一些生意，赚更多的钱了。"

哥哥听了之后连连点头称是，再也不抱怨了。

● 案例分析

案例中的弟弟就是典型的市场走访法。许多销售人员都想去做容易的业务，可有没有想过自己容易做，别人也容易做的道理呢？因此，要到更大的市场去寻找客户，那既是对自身的一个挑战，又能从中获取巨大的利润。

如果说从企业内部和人际关系中寻找客户是"用鱼竿钓鱼"，那通过市场调查走访法寻找客户就是"用渔网打鱼"。市场调查走访法就是在更大的区域和更广的视野内开发新客户，这种方法面广集中，往往容易取得较好的销售绩效，找到更多的潜在客户。

市场调查走访法要求我们一定要做到以下两点：

1. 随时随地寻找准客户

一个优秀的销售人员会随时随地寻找准客户，而各类社交活动就是寻找准客户的最佳时机。

● 案例场景

张女士大学毕业后到深圳工作，在一家电器公司做销售人员。初来乍到，人生地不熟。于是，她休息的时候经常去登山，演唱会、音乐会等也一定去，可谓每会必到。这样，她在短短的时间内结识了很多准客户，销售业绩也非常好。

2. 大范围的发送名片

销售人员应该让更多的人知道你，了解你是销售什么商品的，这样当客户有需求的时候才会想到你。销售人员可以在一些社交活动中，充分利用名片，让更多的人认识你。

销售人员的名片设计要有特色，让它不至于被对方忽视或直接进入垃圾桶。

● 销售案例与分析

大多数销售人员都使用名片，乔·吉拉德的做法却与众不同：他会大范围的发送名片，在商场购物时递送；在餐馆就餐付账时递送；甚至利用看体育比赛的机会来推广自己。他订了最好的座位，带去一万张名片。当人们为明星的出场而欢呼的时候，他把名片扔了出去。

乔·吉拉德认为，正是这种做法帮他做成了一笔笔生意。当人们买汽车时，自然会想起那个抛洒名片的销售人员，想起名片上的名字——乔·吉拉德。他的成就正是来源于此。

（四）电话拜访法

电话拜访法能够突破时间和空间的限制，这种搜索客户的工具最为经济有效，方便迅速是非常大的优势。

与盲目的登门拜访相比，巧妙地运用打电话的技巧更容易与客户沟通，是非常值得学习和借鉴的。你若能规定自己每天至少多打 5 个电话，一年就能增加 15 00 个与准客户接触的机会。

● 销售案例与分析

乔·吉拉德："葛太太，您好！我是乔·吉拉德，这里是雪佛莱麦若里公司，您订购的汽车已经准备好了！"

客户："先生，你可能打错了，我们没有订新车。"

乔·吉拉德："您能肯定是这样吗？"

客户："当然，如果有这样的事情，我先生应该会告诉我的。"

乔·吉拉德："请您等一等，对了，您这里是葛克莱先生的家吗？"

客户："不对，我先生叫史蒂。"

乔·吉拉德："史蒂夫人，很抱歉，一大早就打扰您，我相信您一定很忙。"

对方没有挂断电话，乔·吉拉德就与她在电话中聊了起来。

乔·吉拉德："史蒂夫人，你们不会正好也准备买一辆新车吧？"

客户："还没有，不过你应该问我先生才对。"

乔·吉拉德："您先生什么时候在家呢？"

客户："他通常晚上六点钟回家。"

乔·吉拉德："那好吧，史蒂夫人，我晚上再打来，该不会影响你们吃晚饭吧？"

晚上六点半，乔·吉拉德再次拨通电话，和史蒂先生通了话。在打电话时，乔·吉拉德记下了对方的姓名、地址和电话号码，还记下了从谈话中所得到的一切有用的资料，比如，对方的工作、几个孩子、喜欢哪种型号的车等。

乔·吉拉德正是用这种方法得到客户信息，然后将一切有用的资料都存入档案卡片里，并且把对方的名字列入销售对象的邮寄名单中，此时他已经成为你的准客户了。

（五）互联网大数据搜索法

找客户是企业都在做的一件事，但这也是很多企业的一大难题。怎样才能轻松找到客户呢？互联网的发展为企业提供了一条捷径，企业开始利用网络寻找客户、推广产品。

互联网大数据搜索法成本较低，见效较快，效果也比较好，而且可以让客户主动找上门，但也要讲究技巧。

● 技巧训练

1 不是所有平台都适合发布广告。在平台发布广告极易被搜索引擎收录，从而找到意向客户，但有些平台却是不能直接发布纯广告文的。

2 发布邮件要注意标题，与内容相符的前提下要别出心裁。内容不宜过长，但是要突出重点。邮件最好不要带附件，用户很少会去打开。

3 多个平台营销效果更显著。很多企业做了网络营销，却没有达到理想的效果，原因就在于网络营销的覆盖面不够广。

销售技巧

　　作为销售人员把产品销售出去才是工作的首要任务，但要把产品卖出去就得有客户。销售人员只有找到意向客户，做好客户名单，才能更为准确快速地将产品销售出去。

三、80%的销售机会来自第4次至第11次的跟踪

　　很多销售人员抱怨，给客户介绍完产品或报完价后，客户就再也没有消息了。其实，这种情况是非常普遍的，如果介绍完产品或报完价就能进入实际谈判阶段，销售也未免太简单了。对于这种情况，销售人员当然要多跟踪几次。

特别提示

　　一位客户从接触到最后成交，平均要一至两个月。很少有客户一次沟通就能够大笔成交的，据调查显示，80%的销售来源于第4至第11次的跟踪。由此可以看出，销售人员深入与顾客的关系非常重要。

　　作为一名销售人员，你对客户坚持跟踪了吗？在客户跟踪过程中，该采取什么样的策略？

（一） 进行客户跟踪的策略

　　做销售如果不对客户进行跟踪，将是一场空。对客户进行跟踪的目的是：尝试与客户建立亲密的个人关系，并适时谈及营销、业务话题。为了更好地了解客户，销售人员跟踪客户也要讲究策略。

● 技巧训练

1 为了更好地接近客户，不被客户拒绝，销售人员应该为每一次跟踪找到漂亮的借口。

2 采取较为特殊的跟踪方式，加深客户对你的印象。

3 注意跟踪时间间隔，太短会使客户厌烦，太长客户会淡忘，最佳间隔为2~3周。

4 每次跟踪切勿流露出强烈的渴望，调整自己的姿态，试着帮助客户解决其问题，了解客户的需求与基本情况。

（二）客户心理的要点及要点间的关系

销售人员只有了解客户的心理才能对症下药，只有满足客户的心理需求，他才会购买。客户的心理要点有：是否对产品了解；是否对产品认同和满意；是否有购买需求；是否有购买意向。

客户心理各要点之间的关系如下：

1 客户首先要了解产品，然后对产品认同，最后客户才会有购买需求。对产品认同，也有购买需求，才会有购买意向。

2 客户首先有购买需求，然后去了解产品，对产品认同后就有了购买意向。

从要点之间的关系可以看出：想让客户成交要同时具备两个要点——认同产品和购买需求，它们是并列关系。而想要让客户具备这两点，就要借助对产品的了解去实现。

（三）与客户沟通中应避免的两个错误

许多销售人员业绩不佳，很大原因在于与客户沟通的时候没有用对方法，观察不够细心，最致命的还是陷入销售雷区而不自知。销售人员在与客户沟通中应避免以下两个错误：

1. 讲解产品滔滔不绝，不能把握重点

有些销售人员约见客户，上来就滔滔不绝地讲解产品的卖点，但客户的答复是还需要考虑。

客户购买产品看中的并不是产品的所有卖点，而是其中的一、两个卖点。有时产品的卖点越多越容易出现问题，销售人员首先要挖掘到客户的需求，然后用产品的某个卖点去满足客户的需求。

2. 被客户的问题所困，不能引导客户购买

客户提出的问题越多，购买的可能性也就越大，购买意向就越强烈。前提是客户提出的问题是不是真实问题，如果不是真实问题，则可能是在刁难或者敷衍你。

如果不考虑客户问题的真假，只要是问题就全部解答，这样最后只会被客户的问题所困。因此，销售人员要有意识地思考问题的真假及客户提出问题的目的。如果是真实问题要认真回答，反之要避开这个话题。

（四）判断客户问题真假的方法

正如前面所说，客户的问题有真有假，真的需要认真对待，假的要巧妙闪避。那么，怎样判断客户问题的真假呢？

A 假设法

假设法就是假设问题解决了，客户会不会购买。

客户： "你们的产品没有很好的售后服务。"

销售人员： "如果我们的售后服务令您满意的话，您是不是就决定购买了？"

如果针对这个问题，客户给予的回答是肯定，销售人员就可以判断这个问题是真实问题。

B 反问法

反问法就是客户提出问题后，让客户去解决这个问题。

客户："你们的产品没有很好的售后服务。"

销售人员："那您觉得什么样的售后服务您能满意呢？"

如果客户提出了具体的要求，那么这个问题是真实问题。

C 转化法

转化法就是把客户提出的问题转化成我们的一个卖点。

客户："你们的产品没有很好的售后服务。"

销售人员："您的担心是应该的，我们现在的售后服务确实不是很完美。但你要知道我们被客户的投诉是最少的，这就说明我们的质量是最有保证的，质量与售后服务您会选择哪一个？"

（五）要避免的几个销售误区

销售看起来是一件简单的事情，但成为优秀的销售人员并不容易。尤其是在跟踪客户的过程中，销售人员经常会陷入几个销售误区，大家一定要多加注意。

1. 没有技巧就做不好销售

有些销售人员认为销售技巧是最重要的，于是刚做销售时就拼命学习技巧，学他人的手势和语气，结果越学越没有信心。

其实，表面上看起来老实，不怎么会讲话的销售人员也可以做得很好。因为有不少老板喜欢这样的人，觉得和他们做生意放心。另外这样的人大部分都是实干型的，做事认真，韧性强，这样的品质也比较适合做销售。

2. 只有找高层，才能做成生意

做销售一定要找对决策人和关键人，但不一定所有的决策人都是老板。一些大企业老总公事繁忙，很难见面，他们的一些决定权掌握在部门经理手中。而小公司多为家族式企业，老板的爱人及亲戚朋友都有可能左右单子的结果。

因此，要密切关注关键人身边的这些次关键人，销售不顺利时可以从关键人周边对其有影响的人着手，间接达到目的。

3. 客户的问题都有固定好的答案

许多销售经理会把自己的经验编成小册子，发给下属，还叮嘱下属要全部背下来，最起码要掌握 80%。结果很多销售人员把它当成了教科书，认为这就是最佳答案。

其实，每位客户的背景和脾性都是不一样的，而销售人员拜访的时间和环境也不相同，所以销售人员一定要灵活。对于每个问题的答案你都可以了解一下，这些东西就像是你的武器，上阵的时候哪种好就用哪种。

4. 多赞美客户就能多签单

如果觉得多赞美客户就能多签单，那就错了。有些客户反而喜欢听起来比较真实，委婉反映他们缺点的话。这样他们觉得你才是真正的朋友，比较可交。适当地说一些对方客观的缺点，助其改进，也能赢得客户的尊重。

> **销售技巧**
>
> 销售不跟踪，万事一场空。当然，跟踪客户也要讲究策略，找准客户的关注点和要点，并对客户问题的真假加以判断，这样的跟踪才是有效的。

四、电影《非诚勿扰》中揭示出的新客户开拓技巧

任何产品进入市场一定是先与部分客户合作，等这些客户得到令人羡慕的好处后才会有其他客户加入。但是现在做销售的越来越多，新客户的开发也就越发艰难。

老客户流失，新客户开拓难的现象在许多公司频频上演。下面我们就通过喜剧《非诚勿扰》来谈谈新客户的开拓技巧，在欢乐中学到真知识。

（一）发布"不忽悠"的特色广告

目前，客户开发在广告发布上有两大致命伤：一是太忽悠，二是同质化。

这里的广告是从广义上来讲的，除了电视、报纸、网络广告外，给潜在客户打电话、发邮件都可以看成是广告发布。广告怎么说、怎么写，都大有文章可做。

太过忽悠的广告虽然拉开了阵势，但会让客户非常反感。此外，由于长期从事同一种工作，客户会有一种"广告疲劳"，对于同质化的邮件和电话只会敷衍了事，客户能记住的唯有特色的供应商。

● 案例场景

电影中秦奋（葛优饰）发布的征婚广告是这样的：

你要想找一帅哥就别来了，你要想找一钱包就别见了！硕士学历以上的免谈，女企业家免谈（小商小贩除外），省得咱们互相都会失望。

刘德华和阿汤哥那种财貌双全的郎君是不会来征你的婚的，当然我也没做诺丁山的梦。您要真是一仙女我也接不住，没期待您长得跟画报封面一样，看一眼就魂飞魄散。外表时尚、内心保守、身心都健康的一般人就行，要是多少还有点儿婉约那就更靠谱了。心眼别太多岁数别太小，会叠衣服，每次洗完烫平叠得都像刚从商店里买回来的一样。说得够具体了吧。

自我介绍一下：我岁数已经不小了，日子小康，抽烟不喝酒，留学生身份出去的，在国外生活过十几年，没正经上过学，蹉跎中练就一身生存技能，现在学无所成海外归来，实话实说应该定性为一只没有公司没有股票没有学位的"三无伪海龟"。人品五五开，不算老实，但天生胆小，杀人不犯法我也下不去手，总体而言基本上还是属于对社会有益无害的一类。

有意者电联，非诚勿扰。

● 案例分析

这则征婚广告有两大特点：一是特色化，能抓人眼球，于是从众多的征婚广告中脱颖而出；二是实在，不忽悠，免除了"婚托"的嫌疑。

从营销的角度来讲，整个广告的核心主题是"非诚勿扰"，产品功能介绍和目标客户也表述得十分清晰，辅以轻松幽默的介绍形象生动，让人印象深刻，从而在同质化的产品中显出与众不同，大大提高了目标客户的关注度。

（二）学会"止损"，谨防"被套"

开发新客户的过程中，销售人员也是要有所投入的，比如请客吃饭、娱乐、送礼品等。但现实生活中，不乏打着合作旗号混吃混喝之徒，这就要求销售人员能够审时度势，不能盲目烧钱。

● 案例场景

《非诚勿扰》中，秦奋（葛优饰）对"云南女"、"健忘女"、"性冷淡女"、"怀孕女"等，都采取了及时止损的策略。但却钻进了"墓地女"事先设好的圈套，只好被迫"埋单"，购买并不十分需要的产品。

墓地女："我不太关心外表，我看重的是人心，善良、孝敬父母的人，就算我没看上你，你也一定能讨到一个好老婆。"

秦奋："你外表时尚内心保守啊，难得！"

墓地女："你妈妈那么大年纪了，你要是孝顺的话，应该好好为她选择一块福地，老年人讲究入地为安。作为一个男人，要有责任心、孝心，就算赚钱不多，只要老人需要，也在所不惜，这样的男人才可靠，你是这样的人吗？"

秦奋："好像是。"

墓地女："我觉得你不是，你爸爸在那样一个小格子里，要是你妈妈去世了，难道你让他们两人挤在一个小格子里？清明节扫墓，你连一个烧纸上香的地方都没有，你说你这叫孝顺吗？"

秦奋："我给他们买一块墓地不就行了吗？不是花不起钱，我走那会儿，只有烈士才有墓地呢，老百姓都存架子上。这点你放心，你要知道哪儿有给我选一处，只要是风景好的，我马上就办，咱俩要是走一块去，我连你的碑都先刻好了，保证不让你在架子上存着！"

● 案例分析

在新客户开拓中，相信很多销售人员都遇到过类似的情形。客户设置了许多困难，如果你放弃就无话可说，但是一路过关斩将也不一定能够合作。遇到这种情况，销售人员一定要量力而行，在对方确有相关需求的前提下，如果公司规模、资金能跟上，则可以打持久战，如果自身资金和时间有限，则要适可而止。

销售人员一旦发现苗头不对，要学会及时"止损"，谨防"被套"。不然，客户没有成功开发到，自己反倒变成别人的客户了。

（三）不放过任何一个机会

电影中，秦奋（葛优饰）一共见了十个左右的应征女，可谓是千奇百怪、无所不有。但是对于每个应征女，他都认真、诚恳地和对方交流沟通。哪怕是自己认为不太靠谱的梁笑笑（舒淇饰），三番五次打电话给他邀请喝酒他也去了。

对于销售人员来说，在客户开拓中不能放过任何一个机会，哪怕只有万分之一的机会，也要抓住。只要持之以恒地努力，可能就会有"踏破铁鞋无觅处，得来全不费工夫"的效果。

（四）坚持自己的原则

在新客户开拓中，一定要坚持原则，有所为有所不为。有时候过于坚持原则可能会丧失合作机会，有违"逐利"的商业法则，但是违背自己原则底线的合作会像吃了苍蝇一样萦绕在你心中一辈子挥之不去。

● 销售案例与分析

秦奋（葛优饰）虽有爱心，但对于怀孕女"买一送一"的行为也是无法接受，原则性的问题还是不能让步的。这就相当于开发客户时，前任供应商拿了客户的钱没办好事，现在要你来擦屁股，就算有钱赚也不能干。

拒绝怀孕女以后，梁笑笑（舒淇饰）主动向秦奋示好，但要他答应一个条件——"心里想着别人"，秦奋难以接受。

这也是一个原则性问题，如果客户和你合作却一直想着前任供应商，没准哪天就又与其合作，你能放心吗？实际中接受也无可厚非，但销售人员一定要表明态度和立场，争取直接把前任供应商替换掉，以保证自身的合理利益不受侵犯。如果客户不能立马接受，也要慢慢渗透，以至完全取代前任供应商。

（五）与客户共渡难关

● 案例场景

　　影片中秦奋陪梁笑笑喝酒，陪她去日本追忆往事，梁笑笑自杀未遂，秦奋又心甘情愿照顾她……在梁笑笑最郁闷、最难受的时候秦奋一直在陪伴着她，尽管刚开始是极不情愿的，但后来也乐在其中了。

● 案例分析

　　与客户共渡难关绝不是空喊口号，一定要有实际行动。与客户首次合作前，如果能做到与客户共患难，这样就会触动客户内心深处那根弦，从而使其对你产生好感。

销售技巧

　　新客户的开发需要技巧，更需要诚心，以最大的诚心做最大的努力。当然，销售人员在客户开拓时，也要擦亮眼睛，防止自己上当受骗。

第2章

销售接洽细节——
巧妙突破客户的"防火墙"

销售细节

　　客户愿意接受你的产品或服务，是希望能够通过它们解决实际问题，心理上获得满足。销售人员只有巧妙地突破客户的心理防御，才能真正得到客户的认可。

一、 告别最差劲的开场白，销售一定要走心

销售工作必须要与客户沟通交流，而与客户交流时的开场白直接决定着销售的成败。开场白是指拜访客户最开始的 30 秒到 1 分钟左右的时间内，销售人员对潜在客户所讲的话。

如果开场白说好了，会给客户留下良好而且深刻的印象。那怎样才算是好的开场白呢？衡量开场白是否极具吸引力，就是看其能否激起客户的兴趣，使潜在客户在繁杂的事务中抽出时间给销售人员，同时又可避开其条件反射的反感心理。

特别提示

销售人员开场白要达到的目标就是吸引客户的注意力，引起对方的兴趣，使客户乐于继续交谈下去。同时，如何找出客户最关注的价值是开场的关键部分。

● 案例场景

在公交车站牌前，有这样两位卖报人。

一位卖报人走过来对着等车的人高喊："卖报！卖报！一元一份！"没过多久，另一位卖报人也走了过来，也对着等车的人高喊："卖报！卖报！本·拉登发表新讲话，称将发动大规模恐怖袭击！中国足球再遭惨败，主教练面临下课危机！最新台风明天登陆本省，中心风力可达 12 级！"

● 案例分析

两位卖报人所卖报纸一样，最终结果会怎样呢？人们都被第二位卖报人吸引过去了。

通过两位卖报人的吆喝可以看出，第二位卖报人的开场白非常具有吸引力，他极具诱惑力的语言成功地吊起了顾客的胃口，激发了他们的兴趣，销售业绩自然会比另一位卖报人好。

那么与客户打招呼，第一句话说什么好呢？根据情境的不同，可以分为问好式、插入式、应答式、迂回式四种。

（一）问好式

情境：

顾客接近柜台时，销售人员要主动同顾客打招呼，进而开始销售。

应对方法：

许多销售人员通常会使用"您好，欢迎光临"作为开场白，但有些卖场客流的流速很快，销售人员这样说并不能引起客户的兴趣。现在几乎随处可以听到这样的欢迎词，并没有什么特殊的地方，对于这样的问好，客户一般会不予回应。

为了吸引客户的注意，销售人员可以加上产品的主要卖点进行简要介绍。比如，卖××手机，可以说："您好，请看看××的待机王手机"或"您好，请看看能够为您省钱的手机。"

（二）插入式

情境：

销售时经常出现许多客户同时来到柜台的情况，有些客户已经在旁边听或看了一段时间才被发现。客户们都有从众心理，越是人多的地方，越要挤过去看个究竟。很多销售人员也发现这样的销售规律：往往是几个客户连续地买商品，客户看到别人买也会跟着买。

因此，当客户不断过来时，销售人员既要照顾好先前的客户，又不能让后来者感觉受到冷落。

应对方法：

销售人员如果发现后来的客户，就应和新客户主动打招呼。我们把这种开场白的方式称为插入式。

销售人员可以说："对不起，让您久等了，这是我们的产品……"

（三）应答式

情境：

有些客户非常爽快，他们在购买之前就已经对产品有所了解，来到柜台后，还没等销售人员问好就会主动发问。

应对方法：

对于这样的客户，销售人员要积极并热情地回答客户的问题。

客户："这就是你家刚上的新款吧？"

销售人员："是的女士，这是我们刚上的一款裙子，看来您经常来我们店呢。"

（四）迂回式

情境：

生活中，我们与老朋友见面，会如何打招呼呢？我们常常会说"今天的精神头不错嘛，有什么好事呢？"或者"哟，你的孩子都这么大啦……"其实，做销售也可以采用迂回式。

应对方法：

有些情况下，销售人员对客户也可以采用这种方法，客户会感到你把他当朋友来看待。迂回式开场白可以说是最有效的开场白方式，其实它就是"给面子"，给客户面子。销售人员看到客户要做的第一件事情就是搭讪，要让客户心理上放松，说的话要让客户听得舒服。

例如，销售人员可以说："陈先生，今天带孩子一起来逛商场吗？您的孩子可真漂亮"或者"大姐今天的发型真不错，在哪儿做的呀？"

销售技巧

销售人员与客户交流的第一句话至关重要，它决定了客户对你的第一印象，从而决定了接下来你们的交流是否顺利，成功抑或失败。因此，销售人员的开场白一定要说好。

二、因人而异，不同顾客要用不同的策略

只有了解并掌握客户的真正需求才能顺利展开销售工作，只有满足了客户的实际需求才能促成交易。但是面对那么多的客户，怎么才能知道他们需要什么呢？其实，客户个性因素对销售的影响不可小觑，这里的个性是指个人对情景做出反应的独特方式。

生活中我们常常会遇到这样的人，有的人买衣服绝不买流行爆款，有的人却喜欢许多人都在穿的；有的人做出购买决策只需几分钟，有的人却要花上好几个小时进行挑选。

特别提示

了解客户的个性非常重要，因为对这位客户有效的销售手段，用在另一位客户身上可能会适得其反，只有对不同的客户采用不同且恰当的策略才能销售成功。

● 案例场景

早上，销售人员周翔精神饱满地走进客户的办公室，热情地伸出手并问候："王经理，最近好吗？昨天的足球比赛××队又踢了臭球，球星××又被罚了几个黄牌。"王经理极其勉强地伸出手来，但身体还在办公桌后面，并很快地又坐回了椅子里。

周翔为了拉近彼此的关系，就询问了王经理几个有关家庭的问题，然后才开始介绍产品的特性和优越之处。但在介绍时，王经理一直面无表情地坐着，只是偶尔问一些具体的技术细节，对此周翔也只凭个人的了解作泛泛的解答。

没过一会儿交谈便草率结束，没有达成任何交易，甚至也没有约定下次接触或近一步电话联系的时间。

回到办公室后，周翔开始抱怨王经理不近人情、冷漠。而客户的心里此时也犯嘀咕，这销售人员怎么对自己产品的专业知识如此陌生，而对一些与业务无关的八卦却如此津津乐道？

● 案例分析

对于案例中的这种情况，到底是谁错了呢？其实，谁都没有错，只是销售人员与客户的个性不合，他们的个性导致他们在待人接物的方式上有所不同，从而导致他们沟通不畅。因此，我们不仅要了解自己的个性类型，更重要的也要了解客户的个性类型。

根据人们在交际倾向和控制倾向方面的不同特征，可划分为四种典型的个性类型：分析型、情感型、主观型、随和型。

（一）分析型：主要介绍产品和服务的质量、价格和促销活动

分析型客户的办公室总是整理得井井有条；他们的衣着比较传统保守、朴实；他们类似于技术专家，习惯以经久不变的精心筹划的方式处理问题。

这类客户采购时不会只找一个供应商，而是找几个供应商并从中选择。他们善于捕捉产品性能的每一个细节，并竭尽所能地收集产品信息，喜欢以书面的协议和承诺的方式将各种细节确定下来，并且希望有足够的时间仔细权衡其购买决定。

● 案例场景

王林是保险推销员，一次他打电话约见顾客，电话中他对顾客说9点左右到，而顾客却显出不悦，要求王林9点准时到，并带上详细的资料。王林觉得顾客要求比较严格，是一个难以应付的顾客，所以自己要做好全面的准备。

有了一定的心理准备，王林到了顾客的家里并没有太过紧张。在向顾客介绍保险产品的时候，王林说得特别详细，在客户询问时也回答得比较有条理，还把顾客的要求用小本子记了下来。这一点让顾客很满意，觉得王林是一个细心稳重的人。

在交谈中，王林发现顾客对于产品还是有些怀疑，于是他向顾客提供了一份关于保险的市场调查报告，使顾客了解产品的真实销量，这一点王林很自信，因为保险销量确实很好，对顾客也很有说服力。

通过一系列的细节考察，顾客对王林推荐的保险还是比较满意的。最后顾客决定购买。王林也了解到客户是一个善于分析的人，对数字比较敏感，所以在说价格的时候，说得很精确，并以一定的优惠来吸引顾客，也让顾客觉得合理，最终顺利成交。

● 案例分析

王林在推销保险的过程中，他都是顺着顾客的步调走的，并摸清了顾客的类型与心理，投其所好，营造了一个井然有序、按部就班的氛围，这正是分析性顾客所喜欢的。

总而言之，这类客户的决策和购买行为比较谨慎迟缓。对于自己存在的异议，他希望销售人员是基于事实给予明确的答复，如果销售人员避重就轻会失去这种类型的客户。产品和服务的质量、价格和促销活动是他们最关注的购买因素。只要能在细节上让顾客心服口服，交易自然就会成功。

● 技巧训练

1 与分析型客户交谈时，话题应以工作为主，如公司的近况、荣誉、目标和行业的地位等。

2 如果销售人员用企划书来展示产品或服务，要体现出自己公司目前的行业地位、优势和产品的各种细节介绍。

3 分析型的客户是一个典型的用事实说话的人，所以销售人员提供的信息一定要准确、客观。

（二）情感型：讨论产品带来的身份地位象征好于谈论产品质量

情感型的客户经常会在办公室摆放大量私人物品；他们的衣着时尚；交谈时有非常丰富的肢体语言，喜欢交流个人感想，喜欢谈奇闻轶事、人际交往趣事，谈工作的时间比较简短；不守时、交谈跑题是他们的特征。

他们的行为不拘小节，与人交往喜欢直呼其名，即使相识不久也会直截了当地提出自己的想法。与他们交往，他们更希望销售人员以朋友相待，他们最大的特征是善于人际关系的处理，交友广泛。

情感型的客户对产品或服务的本身特性丝毫不感兴趣，只是把它们视为自己身份或地位的一种体现的方式而已。他们更为关心的是产品能给自己带来身份地位的象征，所以销售人员从这个角度着手更能得到他们的欢心。

● 技巧训练

1 与情感型的客户交谈，谈论的话题可以多样，丰富多彩的话题更适合他们的味口。

2 在展示作品或服务时，应该多借助图形、影视片断、视频以及商业宣传，应着重介绍产品能为客户带来的利益。

3 销售人员在与客户交谈中列举已购买本产品的知名企业也是一大良策。

4 这类客户希望自己提出来的问题能够尽快得到答复，当然答复要尽可能与客户的购买愿望、观点和个人利益一致。

5 这类客户喜欢轻松的销售氛围，如果条件允许，销售人员可约客户在非正式场合进行洽谈。

6 他们决策速度比较快，一般是仿效别人并且凭感觉的，销售人员要尽量营造信赖的氛围，并不断地激发他们对产品的需求。

（三）主观型：强调产品或服务能改善他在公司的业绩表现

主观型的客户通常会将学位文凭、匾牌奖章、获奖证书之类的荣誉象征摆放在办公室中；他们衣着考究，佩饰更是无可挑剔，他们不会轻易购买流行服饰；他们非常重视时间问题，要求是"高效"。

这类型的客户握手十分有力，主观意志很强，经常用"我认为"等语言表达方式，同时音量比较高，语速比较快，问题也富有挑战性、比较尖锐，这说明主观型的人有比较强的控制倾向。

他们非常注重事实依据，以完成采购目标为任务。他们并不是十分关心产品的技术性能表现，服务质量的优异，他们关心的是产品或服务是否能满足最低的要求，他们感兴趣的是产品或服务能否降低成本、增加收入、加快生产进度，缩短投资回报期。

只有找到客户的需求点才能真正让他接受你的产品和服务，主观型的人有很强的升职愿望，如果你的产品或服务能改善他在公司的业绩表现，这将会备受青睐。

● 技巧训练

1 与主观型的客户约见一定要准时，如果有可能迟到，哪怕是一分钟也要提前打个电话解释一下，否则你将失去他的信任。

2 和他们交谈的话题主要在他的工作成长和个人荣誉中，他们特别愿意谈的是从他进入公司以来，为公司创造了多少的成就和奇迹。

3 销售人员交谈过程中要言简意赅，切中要点，因为主观型的人往往惜时如金，如果闲聊只会事倍功半。

4 要就事论事，直奔主题，更不要期望试图改变他们的意愿或观点，因为他们不是容易接受别人建议的人，除非有足够的事实与证明。

5 他们不愿意承认错误，与他们交谈时，尽量不要与他们就某个观点不同而产生争持。

6 他们决策速度很快，所以对于他们的异议要尽快予以合理的解释，以便于他最快地做出决策。

（四）随和型：最好相处却最难成交的客户

随和型的客户常将旅游照或家人的照片摆放在办公室；他们一般会穿大众款式的衣服，对服饰没有太多的追求；他们温文尔雅、亲切随和，待人接物非常温和，很容易相处；他们在言谈中常常会掩饰自己的真实想法而去迎合他人。

在销售中，这类客户最好相处却最难成交。销售人员说什么，问他产品或服务感觉如何，他都会说好，但就是不买。

因此，与随和型的客户打交道，应努力降低销售人员强势的销售方法，随时与他保持良好的沟通，用行动感动他。

销售技巧

销售人员在工作中所接触到的客户个性纷呈，这就要求销售人员在谈判中能够尽快摸清客户的脾气秉性，掌握客户的心理，采取与之相对应的销售策略，这样才能迎合客户的心理，拉近彼此的距离，获得客户的认可。

三、销售人员成功约见老总的三大战术

销售人员已经选择并确定了目标客户，也已经整理好了客户的资料，但打电话约见目标客户时却遭到了对方的拒绝。这是为什么呢？销售人员百思不得其解。

其实，在中国销售行业中很多事情都是一把手负责的，如果得不到一把手的支持，事情就会停滞不前，很难有所突破，所以能够约见老总真的非常重要。当然，约见老总也是有技巧的。如果方法不对，很容易被对方直接或委婉地拒绝，甚至下一次拜访的路也会被堵死。

特别提示

> 销售人员约见客户一定要有所准备，也要等待时机，否则会适得其反。一般而言不要在星期一、星期五访问新的潜在客户，这两天不是营销的好日子，应该集中在星期二至星期四。并且还要看准对方，有没有可能出现好的时机。

那么，销售人员怎样才能成功约见老总呢？

（一）狐假虎威

当打通老总的电话后，销售人员可以告诉他，自己的产品已经被本行业的权威使用，而且效果不错，所以想给他推荐一下。

这样比普通的介绍更能打动老总的心，更容易吸引客户的注意力，当然也会安排一些时间给你介绍产品了。

● 案例场景

王萌是一名中央空调销售人员。一次，她要将一批中央空调销售给某酒店。为了更有效地说服对方的老总，她打电话提出约见："张总，您好！我是××公司的中央空调销售人员王萌，我们的空调质量一流，采用最新科技及性能很好且耐用。"听王萌这样说，张总并没有动心，且有拒绝的想法。

但王萌的下一句话却让他回心转意了，王萌说："而且全球知名的连锁酒店希尔顿使用的也是这款中央空调。您看您有时间看一看我们的产品吗？"结果张总痛快地答应了见面。

（二）太公钓鱼

姜太公钓鱼，愿者上钩。销售人员在约见老总的时候，也可以用这一策略。如果找不准客户的关注点在哪里，那就尽量多地罗列产品的优点以及可以解决的问题。也许你介绍的产品可以带来的价值正是老总所需要的，可以帮他解燃眉之急的产品，这样他自然不会拒绝你。

（三）暗度陈仓

如果前两招都失败了，销售人员可以来个暗度陈仓，也给自己一个台阶下。销售人员可以说："这样好了，您也比较忙，下次我顺便经过的时候，先送一些资料给您。您看行吗？"

销售人员这样一说，许多老总出于礼貌都是不会拒绝的，这样下次销售人员就可以直接过去了。一般来说，销售人员到了客户的公司，对方还是不会拒绝的。

销售技巧

销售人员约见老总被拒的原因可能来自客户，也可能来自销售人员自己。有时，老总方面并没有拒绝约见的理由，只是因为销售人员没有熟练的预约技巧，或者销售人员没有让客户感到有利可图，都可能被拒绝。因此，销售人员需要掌握一定的约见技巧。

四、摆脱客户设置的陷阱，提高沟通成功率

有些业务员经常会抱怨：现在的客户越来越难摆平了，费尽口舌为他们介绍产品，但是他们仍然无动于衷。为此还会愤愤不平，鄙视客户的眼光不好，更有

甚者会诋毁客户。

> **特别提示**
>
> 　　销售人员要明白，客户不是用来摆平的，而是心与心的交流达成合作的。销售最好能够达成双赢，彼此都有获利。如果销售人员位置摆不正，过分强调利益，就失去了销售工作的初衷了。

　　销售人员用逆向思维想一下：客户为什么购买你的产品，而不选择其他商家的呢？除了产品本身的利润和安全性外，他们更看重的是能否从你那里得到与其他产品不一样的信息和价值。因此，销售人员的核心工作就是摆脱客户设置的陷阱，通过沟通说服客户达成合作。

（一）对比法

　　对比法是指销售人员通过把自己的产品与同类产品进行有效比较，在效果、价格等方面产生较为明显的区别，而让客户真正的产生兴趣，从而达成合作。

● 案例场景

　　小敏是一家服装公司的销售人员，她经常对经销商进行产品销售。但有时经销商也会设置一些陷阱给销售人员。当小敏去推销产品的时候，经销商是这样说的："你们的产品有点贵啊，你看××公司和你们的产品一样但是比你们便宜很多，而且他们公司的返利服务比你们要好很多……"

　　现在小敏有一定的工作经验了，所以可以很快识破并化解这样的陷阱。但刚开始经验不足，小敏也不知道如何应对，以至于让客户得逞失去合作机会。

● 案例分析

　　其实，客户设置的这些陷阱并不是特别严重的问题，核心因素是一些销售人员不够专业，不了解同类产品和厂家的具体情况以至于不好回答。因此，要想成为优秀的销售人员必须做一个专业产品顾问和专家，全面系统地掌握产品的优缺点，了解行业动态以及同类产品的相关信息。

销售人员只有了解全面了，才可以当客户有疑虑时举例说明，通过与其他产品的对比说服客户。

● 技巧训练

1 销售人员可以通过市场调查，来了解自己的产品和其他产品的不同，掌握自己产品的优势，才能占得有利地位。

2 在提醒客户其他产品的不足时，态度要真诚，否则客户会觉得你是刻意诋毁，从而对你失去信任。

（二）举例法

举例法也是销售过程中常用的一种方法。在为客户介绍产品时，经常会遇到客户怀疑进行合作后是否能够很好地操作。对于客户这样的疑虑，最好的方法就是举例，用他身边可以感受的例子来进行说服，打消客户的怀疑与摇摆不定，加快他做出积极决定的速度。

销售人员在使用举例法时需要注意以下两点：

真实性与可对比性	空间与地域的选择
如果销售人员面对的是一个小客户，而你总是举一些如何帮助大客户成交的例证，是不会得到客户的认同的。	销售人员用来举例的客户，最好距离潜在客户不远而且真实，让他有较为强烈的认同感，这样才有助于合作。

如果销售人员在举例时忽略了这两个问题，可能就会与初衷背道而驰，客户

会觉得自己是被欺骗了，从而对你产生反感，而下一次的见面更是遥遥无期了。

（三）避实就虚法

避实就虚就是避开敌人重兵防守的区域，从敌人防守薄弱环节进行攻击，为最后的胜利奠定坚实的基础。销售人员在与客户沟通时也可以采用此方法。

避实就虚法的核心是通过客户对所表述产品的兴趣程度而定。如果客户对产品有着浓厚的兴趣，则可以通过专业的知识和灵活的沟通技巧促使客户达成合作；如果客户因为自身原因或者对产品经营不感兴趣，那么销售人员应该立刻停止关于该产品话题的沟通，转向客户比较感兴趣话题的沟通。

（四）反弹琵琶

俗话说："王婆卖瓜，自卖自夸。"谁都会说自己的产品好，销售人员也不例外，他们在推销产品时总是喜欢夸奖自己的产品和维护自己的利益。他们以为这样就能不让自己和产品受到贬低，但这种方法往往会缺乏说服力，让客户更加怀疑。

在为客户介绍产品的过程中，如果能反其道而行，说出于自己不利的话，对方反而会在意外之余，油然而生一种信任感，从而被你说服。

● 案例场景

杨柳在商场里看中了一款外形精巧的门锁，令她意外的是，销售人员不仅没有趁热打铁，反而给她泼了一瓢冷水："这款房门锁虽然美观，但在设计上却有一个小缺陷，会给安装带来一定的麻烦，稍不注意还容易导致锁打不开，所以必须严格地按照说明书进行安装。"销售人员一边说还一边演示。

杨柳自己看的时候并没有发现这款锁的缺陷，她为销售人员的坦诚而诧异，不过心里却想着：销售人员这么老实，买这款锁肯定不会错。

于是，她痛快地买下这款锁，回家后按要求安装，效果的确很好。

● 案例分析

案例中的销售人员并没有按套路出牌，一直夸奖自家的产品，而是先说出了产品的不足。顾客在意外之余，也会选择信任他，从而放心购买。

（五）转化顾客异议

当客户有异议时，销售人员可以采用转化的方法来解决。转化顾客异议法就是将顾客对商品的异议巧妙地转化为有利于销售成功的因素，并加工处理转化为自己的观点，达到说服顾客的目的。

● 销售案例与分析

王涛："我家儿子对钢琴不感兴趣，买了也没什么用处。"

销售人员："啊！王先生，您知道小孩子为什么对钢琴不感兴趣吗？是因为他平时接触得比较少。您的孩子天资不错，多让他接触钢琴，可以培养他的乐感和兴趣，这对儿童的智力发育和性情陶冶非常重要，接触多了兴趣就有了……"

本来，王涛以其儿子不喜欢钢琴为由拒绝购买，可销售人员却将计就计，从关心其小孩的角度隐含了责备之意。王涛在惭愧自省之中，买下了这架钢琴。

（六）设置悬念

● 案例场景

某家小店里，一位顾客对老板说："你这儿好像没有什么东西可以买的。"老板说："是呀，别人也这么说过。"当顾客正为此得意的时候，老板却微笑着说："但他们后来都改变了自己的看法。"顾客问："哦，为什么？"于是，老板正式开始了他的推销。

● 案例分析

悬念是小说中常用的一种手法，而聪明的销售人员将这一手法用来销售产品，却收到了意想不到的效果。有时顾客会固执己见，无论销售人员怎样劝说都听不进去。面对这一问题，销售人员设置一个悬念就能轻易打破这一尴尬局面，可以让顾客耐心地听你介绍。

（七）找到"兴奋点"

● 案例场景

赵刚是一名保险销售人员，在经过一段时间的调查后找到了一个目标客户，但几次交谈都未能成功。一个偶然的机会，他听说这位客户喜欢钓鱼。再次见面的时候，他们围绕钓鱼这个话题，交流了半天，结果奇迹出现了，没等赵刚提醒，这位客户就答应投保了。

● 案例分析

做销售就是做生活，只有找到顾客内心深处的需求，讲一些令对方异常兴奋的事情，投其所好，他会在意犹未尽的情况下，痛快地答应你提出的要求。客户的"兴奋点"往往是他的爱好、兴趣以及他所关心的话题等。

销售技巧

巧妙说服客户的方法有很多，但方法再好还是要在实践中检验的，所以销售人员要活学活用，通过不断地实践来选择最适合的方法。

五、和顾客打交道，多提问比多讲述更好

我们来看一个故事。

一个基督教徒问牧师："我在祈祷的时候可以抽烟吗？"

牧师严肃地拒绝了。"当然不行!这是对主耶稣的不敬,你怎么会有这种想法? 阿门。"

另一个信徒问："我在抽烟的时候，可以祈祷吗？"

牧师非常欣慰，回答："当然可以，你不愧是主的好子女！"

销售要想成功，一定要让顾客对产品和服务产生信任，而这就需要销售人员通过巧妙提问，充分了解客户的信息，引导客户按照你的方向去展开谈话，按照你的思维方式去考虑问题，以致达到你希望得到的结果。

同样的要求，两个信徒不同的表达方式，得到的结果却截然不同。这就是提问技巧的魅力。销售也一样，灵活的销售技巧会带来许多意想不到的收获和惊喜。

特别提示

销售人员在对客户进行提问的时候，一定要灵活把握。否则不仅探询不出客户的基本情况，还会使顾客产生逆反心理，交易更加难以达成。

（一）单刀直入法

● 销售案例与分析

门铃响了，一个衣冠楚楚的人站在门外的台阶上。等主人把门打开后，这个人问道："家里有高级的食品搅拌器吗？"

男主人怔住了。突如其来的问题让主人不知怎样回答才好。他转过脸来和妻子商量，妻子有点窘迫但又好奇地答道："我们家有一个食品搅拌器，不过不是特别高级的。"

推销员回答说："我这里有一个高级的。"说着，他从提包里掏出一个高级食品搅拌器。接着，不言而喻，这对夫妇接受了他的推销。

假如这个推销员改一下说话方式，开口就说："我是××公司推销员，我来是想问一下你们是否愿意购买一个新型食品搅拌器。"试想一下，这种说话的推销效果会如何呢？

许多人错误地认为，能说会道才是推销最有力的武器，其实不然。这样的推销员往往第一次与客户见面就喋喋不休地介绍产品和业务。虽然他们的口才很好，但是很少能得到第二次机会。

这是为什么呢？因为他们的表现并没有让客户产生一丁点儿兴趣，喋喋不休大半天客户也没明白他到底想说什么。因此，销售人员应该紧紧抓住客户的利益，开门见山，直接告诉客户你是来干什么的，你的到来会给他带来什么福音。

（二）连续肯定法

连续肯定提问法，是指所提问题便于客户用赞同的口吻来回答。简而言之，销售人员要让客户对销售说明时的一系列问题连续地回答是。等到要求签订单时，已造成有利的情况，好让顾客再做一次肯定答复。

● 案例场景

销售人员在寻找客源，给新客户打电话，可以说："很乐意和您谈一次，提高贵公司和营业额对您一定很重要，是不是？"

"我想向您介绍一下我们的产品，这将有助于达到您的目标，日子过得更潇洒。您很想达到自己的目标，对不对？"

运用连续肯定法，要求推销人员要有准确的判断能力和敏捷的思维能力。提出的每个问题都要经过仔细思考，特别要注意双方对话的结构，使客户沿着销售人员的意图做出肯定回答。

（三）诱发好奇心

成功吸引客户参与有效销售会谈的关键在于激发他们的好奇心，怀有好奇心的客户会选择参与，反之则不然。

这就要求销售人员改变沟通策略，不能再试图通过罗列冗长的产品或服务的特点及其利益来引起客户的兴趣，而是要在这么做之前先激起客户的兴趣，从而创造新的发现客户需求和提供价值的机会。

● **案例场景**

一位新来的销售人员向经理解释为什么业绩不佳，他说："总经理，我能把马引到水边，但是没办法让它每次都喝水。"

"让它们喝水？"销售经理急了，"让客户喝水不是你的事，你的任务是让他们觉得渴！"

● **案例分析**

销售经理的观点不仅听上去有趣，也道出了销售的真谛：销售人员的工作是发现新的机会，激发客户的好奇心。作为销售人员，我们要通过提出问题，让客户感到好奇，让他们觉得"渴"，才能进一步达到我们设定的目标。

● **技巧训练**

1 通过"我能问你一个问题吗"等提问的方式，制造一个"迷你氛围"，以便获得客户的时间和注意力。

2 提问必须诚实、有原则，如果诱发好奇心的提问变得近乎耍花招，往往很少获益，一旦顾客发现自己上了当，你的计划就会全部落空。

（四）照话学话法

照话学话提问法，就是先肯定客户的见解，然后在客户见解的基础上，再用提问的方式说出自己要说的话。

● **销售案例与分析**

经过一番劝解，客户不由说道："嗯，目前我们的确需要这种产品。"

销售人员不失时机地接过话头说："对呀，如果您感到使用我们这种产品能节省贵公司的时间和金钱，那么还要待多久才能成交呢？"

成交，水到渠成，毫不娇柔，客户也会自然地接受。

（五）刺猬效应

在各种促进买卖成交的提问中，刺猬技巧是很有效的一种。所谓刺猬效应，其特点就是用一个问题来回答顾客提出的问题。用问题来控制你和顾客的洽谈，把谈话引向销售程序的下一步。

● 销售案例与分析

顾客："这项保险中有没有现金价值？"

兰欣："您很看重保险单是否具有现金价值的问题吗？"

顾客："绝对不是。我只是不想为现金价值支付任何额外的金额。"

如果销售人员兰欣没有用问题来回答客户的提问，没有问出客户的真实想法，就一味向客户推销现金价值，只会把适得其反。这个客户不想为现金价值付钱，因为他不想把现金价值当成一桩利益。这时销售人员该向他解释现金价值这个名词的含义，提高他在这方面的认识。

销售技巧

销售时提问要比讲述好，但销售人员所提问题必须要有分量，多提探索式和引导式的问题。以便发现顾客的购买意图，有针对性地为顾客提供服务，引导顾客对产品和服务产生信任，促进买卖成交。

六、销售做好三"师"，签单不用愁

与客户沟通了多次，也拿出了百分之百的诚意，客户就是不签单。作为销售人员，你遇到过这样的问题吗？当遇到这种情况时，销售人员要思考几个问题，客户为什么一直不签单？问题出在了哪里？

特别提示 有些销售人员一直拿不到签单觉得是客户在拖，其实是你自己在拖，你不去改变。销售人员等客户改变，可能吗？客户之所以不签单肯定是你有不足之处，这是一个心态问题。

要想让客户痛快签单，销售人员还是要从自身做起，而这就需要同时扮演三种角色"牧师"、"工程师"、"军师"，把这三"师"扮好才能成为一名优秀的销售人员。牧师是真诚的、工程师是专业的、军师是灵活应变的；牧师是经销商的精神支持，工程师是经销商的技术支持，军师是经销商的业务支持。

（一）做好"牧师"

销售人员要想顺利签单，拿下更多的客户，首先要做好的角色就是"牧师"。这主要有以下三层含义：

第一层含义	有人认为牧师布道是因为有一颗真诚的心，而销售人员也要有一颗真诚的心。在现在这个社会，谁更真诚谁就能获得别人的信任，而这是一切工作的基础。
第二层含义	同牧师相信上帝一样，销售人员要相信公司的实力和产品的质量。"己所不欲，勿施于人"，只有自己相信了公司和产品，才有可能使别人相信。
第三层含义	像牧师不断地宣讲上帝一样宣传你的公司和产品，只有不断地宣传才能使你的公司逐步被人认识。如果你不能像牧师那样不断地去布道，那么你的顾客会一直在那里摇摆，永远是游击队而成不了主力军。

（二）做好"工程师"

当销售人员结束牧师般的宣传布道后，如果客户对你的产品感兴趣会问一些比较具体的问题，这时销售人员就要做好"工程师"了。

如果销售人员回答得含糊不清，顾客就会心存怀疑，不再相信你。因此，销售必须专业得像工程师，要像产品工程师那样熟悉自己的产品，要像应用工程师那样了解客户的状况，为客户提供一个好的解决方案。

销售人员只有比客户更专业，客户才会顺着你的思路走，你才能掌握主动权，这样销售成功的机会也会增大不少。

（三）做好"军师"

客户对产品价格体系、货期、竞争对手状况等未必十分了解，这就要求销售人员给他们充当军师来解决这些问题。

当销售人员拿到客户给的产品清单后，一定要综合考虑各方面的情况为客户提供性价比较高的方案，这样才能获得订单。要做好这方面"军师"的条件是对自己产品的充分了解。

● 案例场景

有一个客户向销售精英询问产品的价格，他已经选好型号并告诉了销售人员。如果是一位不够专业的销售人员可能会简单地核对一下型号然后报价。不过这位销售精英还问了他很多问题，比如工作环境、特性等，最后发现这款产品并不是最佳选择，于是这位销售精英为客户重新确定了方案，最后客户一分钱都没有砍就成交了。

销售技巧

一个优秀的销售人员需要是"牧师"、"工程师"和"军师"。虽然很难同时做好这三个角色，但是只要努力就会逐步前进，如果真的有一天扮演好了这三个角色，销售就简单多了。

七、做好这些细节，维持好与客户的关系

要做事先做人，销售产品先要销售自己。优秀的销售人员拥有相对稳定的客

户关系网,他们会根据客户的重要程度确定与其保持沟通的频次,以维系一种相互信赖的关系,而这种关系正是销售人员赖以成功的秘诀。

> **特别提示**　建立并维持客户关系是销售人员的基本职能,也是营销成功的基本保证。客户是公司生存和发展的基础,市场竞争的实质就是争夺客户资源。

每个销售人员都希望能够与客户搞好关系,为此销售人员可谓是八仙过海,各显神通。当今社会,如果能处理好与客户的关系,销售人员在一定程度上将无往不利。其实,要想维护好与客户的关系,销售人员要做好以下几个细节:

(一)记住客户的重要日期

俗话说:"礼多人不怪",而这个"礼"除了礼物,还有礼貌的意思。因此,许多销售人员都会特别留心客户的生日,并送上祝福。

如果条件允许,销售人员也要尽可能记住与客户有关的其他重要日子,比如客户的生日、结婚纪念日、客户家人的生日等。在客户这些日子来临时发送问候短信,或者送一些小礼物。这样肯定会赢得客户的好感,这样之后的合作也就顺理成章了。

(二)记住客户的第一印象

销售人员最好能够记住客户的第一印象,什么是第一印象呢?其实就是与客户第一次见面时的一些细节。比如,客户的着装、见面地点、当时的天气、客户的语言等。

将这些细节记下来,当第二次与客户见面时把这些细节说出来,客户会非常惊讶,也会非常感动。

(三)发送带有客户个性称谓的短信

销售人员经常会给客户群发短信,但多数时候会为发送什么样的内容动脑筋,希望客户会为我们的内容感动。当给客户群发短信时，发送的内容可以是一样的，但每个客户收到的短信抬头应该都是与他对应的称谓。

这会让客户感觉你是专门给他发的，也会有被重视的感觉。比如，"张总，你好！""王经理，节日快乐……"

（四）利用渐忘曲线的规律与客户互动

销售人员平时与客户互动时都会遇到这样的问题，就是与客户联系次数多了担心客户会烦，次数少或者不联系又担心客户会忘记我们，所以有时候销售人员经常会在这种矛盾中纠结。

对于这个问题，销售人员可以利用渐忘曲线的规律，从认识客户的第一天算起，在随后的第 1 天，第 4 天，第 11 天、第 30 天、第 60 天与客户互动一次。渐忘曲线是有科学依据的，按这种规律联系客户不仅不会让客户厌烦，而且会让客户容易记住你。

销售技巧

要想销售成功，首先要赢得客户的心。从细节入手，销售人员给客户更多的重视和尊重，把客户当朋友一样对待，客户才能把你当朋友。

第 3 章

销售礼仪细节——
周到的礼仪是无声的名片

销售细节

　　良好的礼仪形象是无声的名片，有了它，客户才会愉快地接受产品和服务。可以说，礼仪是销售工作的重要组成部分，它关系着销售后续环节能否顺利开展。

一、得体的着装是销售工作的第一块敲门砖

销售是人与人打交道的一种工作，而彼此之间的第一印象非常重要。客户都希望与那些衣着整齐、彬彬有礼又具有专业知识的销售人员进行沟通。销售人员给客户的印象也影响着客户对产品的印象。

得体的着装和恰到好处的肢体语言都会为销售人员的专业形象加分，从而有助于赢得客户的信任。专业销售人员的形象可以有效地营造一种差异化的销售氛围，增加产品的说服力，让客户从看到销售人员的第一眼就非常认可其专业的素养。

特别提示

> 销售人员给客户的第一印象是把握在自己手中的。我们必须从细微处着手去建立与客户相处的信心，并主动创造良好的销售氛围。因此，销售人员一定要着装得体，懂得基本礼仪。

下面就是销售人员应该遵循的几个着装原则。

（一）时间

得体的着装不仅要考虑服装的整洁、保暖等，在选择时也要注意时间性。着装的时间原则是指销售人员的着装应该随着时间的变化而变化。这里的时间主要包括以下三个方面：

A	B	C
白天与晚上	季节交替	潮流变更

比如，春秋季节适合选中浅色调的服装，棕色、浅灰色等；冬季可以选偏深色的，咖啡、藏青、深褐色等。

（二）地点

着装的地点原则就是指着装必须考虑要去的目的地，不同的地点需要不同的着装。

当销售人员身处不同环境，应对不同事件时，应该有不同的着装，要注意穿戴的服装和周围环境的和谐。在办公室就需要穿着正规的职业装或工作服；比较喜庆的场合可以穿着时尚、鲜亮、明快的服装；在家里或是在外旅游，可以穿舒适而随意的休闲装。

地点着装原则就是要入乡随俗、因地制宜。无论如何，唤起客户对你的好感与共鸣，乐意与你交谈，增加彼此的认同感和亲切感，这才是着装的最根本目的与准则。

（三）场合

着装的场合原则就是指着装要随场合的变化而变，在不同的场合着装要与当时的气氛相吻合。如果销售人员推销奢侈品，却穿着随便；推销服饰，自己的衣服却皱巴巴的。这会让人觉得不靠谱。

● 案例场景

销售人员："早上好，先生，我代表森筑钢铁公司……"

客户："你也早上好！你代表森筑钢铁公司？听着，年轻人，我认识森筑钢铁公司的高层领导，你没有代表他们——你的形象和面貌代表不了他们。"

最后，这位销售人员不但让订单石沉大海，而且也毁了整个公司的形象。

而销售经理告诫他："兄弟，你一点也不像销售人员，头发太长该理了，每周都要去理一次，那样看上去才会有精神。领带也没有系好，衣服的颜色搭配得太不协调了，真该找个人好好请教一番了。只有穿着打扮得体，才会更容易赢得别人的信任，更容易达成交易。"

● 案例分析

这位销售人员之所以会失败，主要原因出现在他的形象打扮上。销售人员的形象代表的不仅是自己，更是整个公司，而这也是影响到销售成功的关键。

如果销售人员的打扮不合格，一开始就会失去与他人竞争的入门机会，更不用说销售商品了。再好的商品，如果被穿着邋遢的销售人员推销，商品的品质也会随之受到质疑。因此，销售人员要在衣着打扮上多花点时间、多花点金钱，这样做绝对不会吃亏。

● 技巧训练

1 商务场合要求穿着正统、端庄、规范，着装以制服、西装、套裙或者长袖衬衫配以长裤、长裙为宜，不要过于强调个性。

2 社交场合，即聚会、宴会或者舞会等场合，穿着要求时尚、典雅、个性，以时装、礼服、民族服装以及个人制作的服装为主要选择。

3 休闲场合着装可根据个人的爱好和自身条件选择。穿着以舒适、美观的休闲装为主。

（四）年龄

有些销售人员觉得将自己打扮得成熟、庄重就能提高销售业绩，其实未必如此。销售人员的着装一定要与自己的年龄相符合，这样才能让客户产生好感，给自己带来好运气。

（五）体型

销售人员着装最重要的是要合体，这样不仅让自己感觉舒服，客户看着也会觉得舒服。合体的服装会使你看上去更加踏实、诚恳和值得信赖。

销售首先要推销自己，没有哪个客户愿意和一个看上去邋遢的人合作。销售人员的着装是销售工作中的第一块敲门砖，一定要提高这一认识，提高自己的着装修养。

● 技巧训练

1 衬衫领带：每天要更换衬衫，衬衫必须要和西装、领带协调。

2 西装：西装及西裤花色一致，与人交谈时西装的第一个纽扣要扣住，口袋不要插着笔，两侧口袋注意不要因放香烟、打火机而鼓出来。

3 鞋袜：鞋袜须搭配平衡，两者不要太华丽，鞋子上若沾有泥土去拜访顾客是相当失礼的。

销售技巧

　　总之，销售人员的着装和仪表在销售工作中非常重要。这不仅是自己修养的体现，更是公司形象和产品形象的具体体现，绝对马虎不得。

二、握不对顾客的手，你将永远丧失握手的机会

　　销售行业是非常注重礼仪的，稍有差错销售就可能失败，而握手是最基本的一个礼仪细节。其实，握手这一基本社交礼仪可以传达非常丰富的意义，但是如果没有掌握握手的礼仪和技巧，那只能是成为一个程序。销售高手惯用的手段就是，利用握手向客户传达敬意，引起客户的重视和好感。

特别提示

　　握手不仅表示问候，也表示一种保证、信赖和契约。标准的握手姿势应该是手指稍稍用力握住对方的手掌，对方用手指稍稍用力回握，时间约为1~3秒，既不宜过长，也不宜过短。

销售人员在握手的时候，为了能够达到最初目的，需要讲究一定的技巧，并注意一些礼仪禁忌。

（一）把握握手的场合与时机

什么场合和时机适合握手？这个问题十分的复杂和微妙，这通常要根据交往双方的关系、现场的气氛，以及当事人个人的心情等多种因素判断。

一般情况下，人们初次见面或久别重逢会握手，成功时握手，告别时也会握手。当然，不同场合的握手意义各不相同。初次见面或久别重逢时握手，表示相互致意或问候，传递的是友好、热情；签合同后或其他合作成功后握手，表示祝贺，传递的是喜悦和感激；告别时握手，表示保重，传递的是友谊。

不适合握手的场合有以下几种：

1 对方手部负伤

2 对方手部负重

3 对方手中忙于他事，如打电话、主持会议

4 对方与自己的距离较远时

（二）正确的握手方式与伸手次序

看似简单的一个握手动作，其实有很多讲究。握手的标准方式，是行礼时行至距握手对象约 1 米处，双腿立正，上身略向前倾，伸出右手，四指并拢，拇指张开与对方相握。握手时应用力适度，上下稍许晃动三四次，随后松开手来，恢复原状。

握手有"尊者决定"原则，在公务场合，握手时伸手的先后次序主要取决于职位和身份。而在社交、休闲场合，它则主要取决于年龄、性别和婚否。

● 技巧训练

1 握手时不要软绵绵的如同"死鱼",这表明没有能力、缺乏自信或者没有诚意。

2 握手时不可用力过猛,捏得对方手痛,这会让你显得具有进攻性与缺乏教养。

3 握手时不可紧握不放,这会显得有些纠缠不休,也要避免仅仅握着对方的指尖。

(三)握手的禁忌

掌握得体的商务礼仪,具备良好的行为习惯,能够为销售加分。因为得体的商务礼仪能够体现销售人员良好的内在修养和素质,能够赢得客户的尊重,使客户对销售公司印象深刻且良好。

那么,见到客户的时候,你注意过握手方式吗?你的客户对此是否表示欢迎呢?从事销售工作,与他人握手的情况在所难免,但销售人员需要注意别犯了握手的禁忌。

● 案例场景

刘艳经营着一家婚庆公司,需要一些婚纱背景模板。而今天要见的销售人员贾云鹏正是她闺蜜的男朋友。

早上,贾云鹏带好相关的资料和移动硬盘就出发了,由于他坐错了车,到刘艳公司的时候比约定的时间晚了一个小时。

见了面,贾云鹏为了表示热情,主动伸出手,要和刘艳握手。刘艳犹豫了一下,还是微笑着伸出了手。可两只手握在一起的时候,刘艳就后悔了,因为贾云鹏的手出了不少的汗,又冰冷冷的。但碍于闺蜜的面子,她坚持握完了手。

就座之后，他们开始浏览模板。刘艳一边看一边轻微地摇头，最后很坦白地对贾云鹏说："真不好意思，这些模板我确实挺喜欢，很多创意都很不错，但是跟我们公司要推出的一些主题不太符合，所以……不过如果你那里以后有合适的模板，我们可以到时候再联系感到。"

送走了贾云鹏，刘艳赶紧抽出一张纸巾擦手，因为那上面粘到的汗水实在让她感到不舒服，她最不喜欢那种冷冰冰、黏糊糊的感觉了。很明显，就是那个糟糕的握手，让贾云鹏失去了这次推销的机会。

在销售工作中，握手虽然司空见惯，看似寻常，但是由于握手可被用来传递多种信息，所以在握手时应做到合乎规矩，特别忌讳犯下述失礼的禁忌。

1 不要用左手相握，尤其是和阿拉伯人、印度人打交道时要牢记，因为在他们看来左手是不干净的。

2 不要拒绝握手，如果有手疾或者汗湿、弄脏了，也要和对方说声"对不起，我的手现在不方便"，以免造成不必要的误会。

3 握手时不要戴手套或墨镜，只有女士在社交场合戴薄纱手套握手是被允许的。

4 握手时不要只递给对方一截冷冰冰的手指尖，像是迫于无奈似的，这是很失礼的。

5 不要在握手时把对方的手拉过来、推过去，或者上下左右抖个不停。

6 不要在与人握手之后，立即擦拭自己的手掌，这会显得与对方握下手就会使自己受到"污染"似的。

销售
技巧

销售活动中，销售人员与客户经常需要握手。握手是一种礼仪，但也有着丰富的内涵。握手往往表示友好，可以加深双方的理解和信任，有助于销售成功。但错误的握手方式也可能导致交易失败，所以销售人员一定要注意。

三、销售不仅要会说话，还要说得有礼有节

与客户交谈时，如果销售人员说话模糊不清或者不能准确表达自己的意思，可能会引起不必要的误会或者麻烦，让客户对你产生怀疑，这种情况是十分糟糕的。为了避免这种情况的发生，销售人员不仅要会说话，还要说得有礼有节。

特别
提示

人与人交往是很微妙的，销售人员交谈时需要注意措辞，否则不当的言语可能会破坏与客户的感情。待客态度方面最重要的是，用恭敬有礼的说话方式与客户交谈，不要使对方产生不愉快的感觉。

与客户交谈时，销售人员要注意以下几点：

（一）看着对方说话

销售人员在与客户说话的时候要看着对方，不管你使用多么礼貌恭敬的语言，如果你一直说个不停，而忽略客户，他也会觉得很不开心。

当你说话的时候不看着对方，会让对方感觉不安；如果你一直瞪着对方，对方会觉得有压迫感。因此，销售人员应该以柔和的眼光望着客户，并真诚地回答对方的问题。

（二）经常面带笑容

当与客户谈话的时候，如果销售人员一直面无表情，则很容易引起误会，引

起客户的不满。在交谈时多向对方示以微笑，你将会明白笑容的力量有多大，这会使得客户和你都感到愉快。

微笑是销售人员与客户沟通时的必需工具。实际上，微笑是世界通用语，无论双方的语言表达方式或生活习惯等有多大区别，彼此之间真诚的微笑常常可以消除一切隔阂。但是如果你的微笑运用不当，或你的笑容与谈话无关，又会令对方感到莫名其妙。

● 技巧训练

1 微笑不是简单的面部表情，而是精神面貌的体现。所以销售人员的微笑是要发自内心的，不要脸上带着"职业性微笑"，内心却排斥客户。

2 微笑时要注意内在涵养和素质的表现，既要让客户感受被尊重和关爱，又不至于使客户感到过分客气和生疏。

3 销售人员微笑时不要发出太大的声音，也不要表现得过于夸张，否则客户会觉得不舒服。

（三）用心聆听对方说话

交谈时，你需要用心聆听对方说话，了解对方要表达的信息。若一个人长时间述说，说的人很累，听的人也容易疲倦。因此，在认真聆听后做出回应，客户不仅会感觉被尊重，也会透露出更多的有效信息。

● 案例场景

乔·吉拉德去拜访一位客户，商谈购车事宜。拜访过程中一切顺利，眼看就要成交，但客户突然决定不买了，这让乔·吉拉德百思不得其解。晚上，乔·吉拉德实在忍不住就给对方打了电话："您好！今天我向您推荐那辆车，您本来都要签字了，为什么突然走了呢？"

客户："乔·吉拉德，你知道现在几点钟吗？"

吉拉德："真抱歉，我知道是晚上 11 点钟了，但我检讨了一整天，实在想不出自己到底错在哪里。因此冒昧地打电话来请教您。"

客户："真的？"

吉拉德："肺腑之言。"

客户："很好！你在用心听我说话吗？"

吉拉德："非常用心。"

客户："可是今天下午你并没有用心听我说话。就在签字前，我提到我的儿子即将进入密西根大学就读，还跟你说到他的运动成绩和将来的抱负，我以他为荣，可你根本没有听我说这些话！"

听得出对方余怒未消。但乔·吉拉德对这件事毫无印象，因为当时他确实没有注意听。话筒里的声音继续响着："你根本不在乎我说什么，而我也不愿意从一个不尊重我的人手里买东西！"

这次销售让乔·吉拉德懂得了聆听的重要性，从此他牢记这次的教训，认真聆听客户的话语，发自内心地去尊重他的每一位客户，结果取得了意想不到的收获。

● 案例分析

一个优秀的销售人员必定是一个好的聆听者。只有静下心聆听顾客讲话，才能真正了解客户的需求和其喜好；当你与客户沟通时，才能真正走进客户的内心世界，彼此信任。

（四）说话时要有变化

试想一下，如果一个人说话保持在一个频率，声调不变，没有任何起伏，你能听多长时间？肯定听一会儿就烦了。

销售人员说话也是如此，一定要随着所说的内容，在说话的速度、声调及声音的高低方面做适度的改变。如果像机器人说话那样，没有抑扬顿挫是没趣味的。

因此，应多留意自己说话时的语调、内容，并逐步去改善。

> **销售技巧**
>
> 销售人员的任务就是接待客户，如果说话漫不经心，会惹得客户不满。如果能够掌握说话技巧，自信心自然会增强，成功的机会就增多了。

四、销售人员目光注视的礼仪标准

德国著名心理学家梅赛因说："眼睛是了解一个人的最好工具。"眼神是无声的语言，它体现着一个人的修养。一个良好的销售人员形象，目光应该坦然、亲切、有神。因此，销售人员与客户交流时，要充分运用眼神的力量，传递出自己的真诚和热情。

> **特别提示**
>
> 人的面部表情中，眼睛所传递的信号是最有价值也是最为准确的。

销售人员与客户见面时，不管是新客户还是老客户，不管是偶然相遇还是如期约会，都要目视对方，面带微笑，表现出喜悦和热情。与客户交往时，眼神运用一定要符合礼仪规范，否则极易被人视为无理，给客户留下糟糕的印象。下面我们就来介绍一下目光注视的礼仪标准。

（一）注视范围

与客户沟通时，销售人员的视线放在哪里才合适呢？其实，在销售人员与客户交流的过程中，视线停留的位置也是有讲究的。与客户交谈时，目光应该注视着对方。但应使目光局限于上至对方额头，下至对方衬衣的第二颗纽扣以上，左右以两肩为准的方框中。在这个方框中，一般有以下两种注视方式：

一般用于洽谈、磋商等场合，注视的位置在对方的双眼与额头之间的三角区域。

社交注视

公务注视

一般在社交场合，如舞会、酒会上使用，位置在对方的双眼与嘴唇之间的三角区域。

（二）注视角度

销售时既要方便服务工作，又不至于引起客户的误解，就需要有正确的注视角度。当听对方说话时，两眼视线可以落在对方的鼻尖处，偶尔可以注视对方的双目。

一般而言，销售人员对客户有以下四种注视角度：

1. 正视

正视即在注视他人的时候，与之正面相向，同时还须将身体前部朝向对方。正视对方是交往中的一种基本礼貌，其含义表示重视对方。

2. 平视

平视是销售工作中常见的一种注视方式。销售人员在注视客户的时候，目光与对方相比处于相似的高度，这就是平视。在销售工作中平视客户可以表现出双方地位平等和不卑不亢的精神。

3. 仰视

销售人员在注视客户的时候，所处的位置比客户低，需要抬头向上仰望对方。仰视对方往往会给对方留下信任、重视的感觉。

4. 环视

在一些促销活动中或产品演示时，销售人员要为多位客户服务，这就需要按照先来后到的顺序对每个客户多加重视，又要同时以略带歉意、安慰的眼神环视周围的客户。巧妙地运用环视，可以兼顾多方，表现出善解人意的优秀服务水准。

当然，在与客户进行目光交流时，销售人员还要学会读懂对方的目光语言，了解其内心活动。

● **技巧训练**

1 如果客户目光与表情和谐统一，表示专注，谈兴正浓。这时销售人员再接再厉会很容易成交。

2 如果客户的目光游离不定，则表示他对你的产品或服务不感兴趣。

3 如果客户的目光斜视则表示鄙夷。

（三）注视时间

当诚心诚意想要恳请对方时，两眼可注视对方的双目。虽然双目一直注视对方能表现出你的热心，但也会出现过于针锋相对的情景。

所以与客户交谈时，不能长时间"盯视"对方，注视时间的长短很重要。一般情况下，为了表示友好和尊重，注视客户的时间应占全部相处时间的1/3左右，其余时间可注视对方脸部以外5～10厘米处，这样比较自然、有礼貌。

当过分地被人凝视时，人会本能的认为这是在窥视自己内心深处的隐私。因此，不管使用哪种注视方式，销售人员都不可以将视线长短固定在对方脸上。在与客户交谈时，应适当地将视线从固定的位置上移动片刻。这样能使客户心理放松，感觉平等，易于交往。

● **案例场景**

李想是一名保险销售人员，七天的培训过后，经理就交给他一位吴姓客户，要他去拜访这位客户。李想约客户喝咖啡，一阵寒暄之后便转入正题。

"我觉得这份保险很适合你，投资小，保障却很多……"李想在对客户介绍产品的时候，为了让客户觉得自己是受关注的，他就一直看着客户。刚开始还好，客户还会有所回应，但时间一长客户受不了了，这位客户感觉很尴尬，想要躲避李想的目光。最后，还没等李想说完，客户就借口有事离开了。

● 案例分析

虽然与客户对视可以体现销售人员的自信和热情，但是也需要把握一定的度，这里的度主要是指注视的时间。如果注视客户的时间太短，客户会认为你对这次谈话不感兴趣；如果注视客户的时间太长，客户又会感到不自在。

> **销售技巧**
>
> 与客户沟通，如果忽视了眼神的交流，丢掉的是你的用心和诚意。销售人员在和客户交谈时，千万不能忘了眼神的交流，恰当的注视会让客户感到被尊重，销售也就接近了成功。

第4章

产品介绍细节——
在不动声色中牵引顾客购买意愿

销售细节

　　介绍产品是销售的必经阶段，也是关键阶段。客户购买不是因为产品好，而是对自己有好处。因此，销售人员要注意产品介绍的细节，激发客户的购买欲望。

一、吸引顾客眼球，推介产品最有效的方法

当销售人员掌握了目标客户的基本信息后，下一关键环节就是产品介绍了。但是很多客户进入商店时，本来已经具有购买的欲望和需求，可是当他在店铺内转了一圈后却空手而归，这到底是为什么呢？很大原因就是因为销售人员的介绍不到位。

特别提示

> 介绍产品在整个销售环节中至关重要。一个有针对性且经过规划的产品介绍，比一个一般性的且没经过规划的产品介绍成功的概率高 20 倍。

在为客户介绍产品时一定要激发客户的美感和购买欲望，那么我们该如何规划产品介绍呢？

（一）预先框式法

人们在判断或者做决定时，思维经常会局限在一个人为的相对狭小但结构紧密的范围中，限制了思路，以至于做出的决定并不是十分正确。这就是所谓的头脑框式。

同样，客户的头脑中也有类似的框式，比如，对销售人员的反感，对某类产品的偏见。因此，销售人员在介绍产品前应该预先设置一个有利于沟通的"框式"，先解除客户内心的某些抗拒，让客户对我们敞开心扉。

● 技巧训练

1 采用预先框式法时，不仅要注意语言的灵活和巧妙，还要注意语气、神态等方面的配合，一定要向客户传达出足够坚定、自信的感觉。

2 一定要灵活运用，根据客户的不同性格和心理特点，结合不同的客观形势对客户进行积极引导，不要脱离实际、盲目照搬理论模式。

3 一定要注意"预先框式法"的递进性和层次性，要一环套一环，每一环都要为后面的环节打好基础，最后才能实现成交目标。

（二）下降式介绍法

把产品的卖点依照重要次序排列，介绍产品时依次介绍，这就是所谓的下降式介绍法。把最能吸引客户的利益放到最前面，也更容易打动客户的心。

使用下降式介绍法的前提是，销售人员必须要知道自己所销售的产品有哪些吸引客户的特色及优点，按轻重排列出来。如果自己挖掘比较困难，可以从客户那里询问，问其对产品的感受，以及是哪些特点吸引了他们。

下降式介绍法的步骤如下图所示：

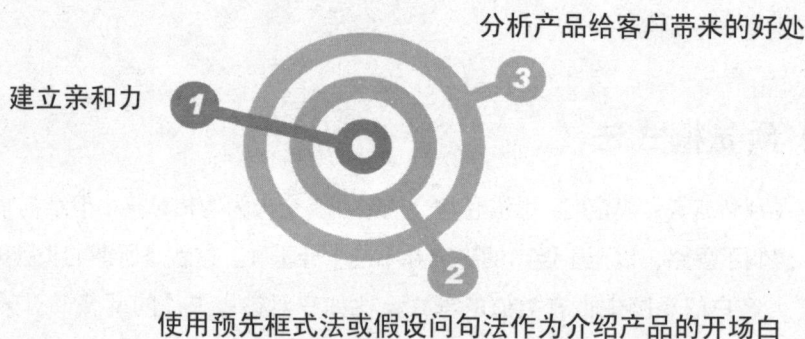

分析产品给客户带来的好处

建立亲和力

1 **3**

2

使用预先框式法或假设问句法作为介绍产品的开场白

（三）找出樱桃树

如果说成功销售有秘诀的话，无疑就是找到客户心底最强烈的需求并满足他们。客户的心中都有一棵"樱桃树"，而销售人员一定要在最短的时间内找到其所在之处，然后将更多的注意力放在推销"樱桃树"上，这样客户的抗拒自然会减少很多。

许多销售人员每天都在不停地奔波，兢兢业业的拜访客户，但结果总是差强人意，为什么呢？主要原因还是他们没有找到客户的"樱桃树"，他们每天想的只是自己的需求和业绩，很少花心思去了解客户到底想要什么，也没有花心思去分析怎样才能让客户打开话匣子。

● 案例场景

波特·曼宁在成为智威汤逊广告公司的总裁之前，卖过大英百科全书，卖过高级厨具，最后他发现销售墓地非常赚钱。于是，他拎起手提箱挨家挨户的去推销墓地。

刚开始，当客户开门让他进去后，他总是以最热忱的态度说明为什么墓地是最值得投资的产业，比如芝加哥人口骤增，墓地越来越少；比如公司保证 5 年之内使购买人不承担任何风险，但是无论他怎么巧舌如簧，没有一个客户买账。

经过反复思考，波特·曼宁发现问题在于自己没有站在客户的立场来看问题，自己所说都是财务方面的利润，但这并不是客户真正关心的。因为他总是想着多卖出些墓地多赚点钱，却从没有关心客户到底需要什么。

后来，波特·曼宁发现很多客户的家庭观念很重，亲戚关系非常密切、来往频繁，他们不希望离开家乡。于是波特·曼宁从谈论家人的脉脉温情下手，再次拜访时波特·曼宁对他们说："那些墓地真的给你们提供了一个绝佳的机会，让家人可以葬在一起，扫墓时方便，再也不必到城外两百公里去看祖父母的墓地。"结果他的销售额直线上升，成了当年的销售冠军。

● 案例分析

案例中的曼宁刚开始并没有关心客户到底需要什么，所以介绍再多，客户也不会购买。后来，他发现客户的家庭观念比较重，便从产品本身转移到温情，这次他找对了客户心中的"樱桃树"，因此销售便顺利了很多。

（四）互动式介绍法

销售是一个与客户打交道的过程，如果在介绍产品时成了销售人员的独角戏，那么客户的积极性就不能调动起来。

互动式介绍法是询问客户封闭式的问题，让客户有所参与、有所回答，以调动客户的视觉、听觉和感观系统，随时问顾客一些问题，让他们回答，提高其积极性的方法。

当销售人员发现自己正在唱独角戏时，最好先打断自己，争取调动顾客的兴趣，打破对方的沉默。一个优秀的说服者所做的最重要的工作是引导对方讲话。

（五）视觉销售法

销售心理学认为，如果通过销售人员的描述或提示，客户能在脑海中想象使用产品后的情景，这样可以增强客户想拥有产品的欲望。

而视觉销售法正是利用客户的这一心理，让客户看到或者头脑中想到购买你的产品后的情景，以及使用你的产品能给他带来的利益，以此增强客户的购买欲望。

（六）假设成交法

假设成交法是指销售人员假定顾客已决定购买商品了，又称为"假定成交法"，是销售人员展开推销努力的一种成交法。

销售人员在介绍产品的过程中，可以不时提示客户考虑购买细节。例如，您觉得这件外套黑色的比较适合您呢？还是这件白色的？这样不但可以引导出客户的真正顾虑，而且是一个有助于客户下购买决心的心理暗示。

假设成交法的关键在于：

1 必须善于分析顾客，对于那些依赖性强的客户，性格比较随和的客户及一些老客户可以采用这种方法。

2 必须发现成交信号，确信客户有购买意向，才能使用这种方法。

3 尽量使用自然、温和的语言，创造一个轻松的推销气氛。

销售技巧

　　客户难免会对产品心存疑虑，这就要求销售人员在介绍产品时打消客户的疑虑，让客户正确的认识产品以及购买产品的益处。在介绍产品时，销售人员要给客户说和问的机会，这样才能使客户对产品产生兴趣。

二、如何向潜在顾客介绍产品

　　销售人员要把产品销售出去，除了维护老客户也要有新客户的加入。而面对这些潜在客户，销售人员只有掌握一定的销售技巧才能达成交易。其中最重要的环节就是向潜在客户介绍产品，如果产品得不到他们的认可，怎么可能销售成功呢？

特别提示

　　销售人员与客户之间是一种你来我往的交流与沟通。销售产品的核心就是不断给予客户肯定，向客户传递产品的价值。高手销售的是利益，产品性能不是自动展现的，将性能转化为利益才是销售人员应该追求的最高境界。

（一）突出产品的核心价值

　　一个产品与其他同类产品相比较，最根本的不同就是核心价值的不同。任何产品都有自身的核心价值，这也是能打动客户的真正原因。一个产品的价值很多，但核心价值往往只有一个，所以销售人员准确定位产品的核心价值成为销售的关键。

　　向客户推销产品或服务，最终目的是帮助客户解决遇到的实际问题。因此，销售人员介绍产品要突出产品的核心价值，这往往更容易吸引客户的注意力。尤其是在产品销售进入关键阶段时，由于客户对产品已经有了初步的了解，因此销售人员更应该直接阐述产品的核心价值，促使客户下定决心购买。

（二）突出产品的附加值

现在市场同质化越来越严重，能否让自己的产品有特色，并带给顾客更多利益成为销售人员进行产品介绍时的重点。

如果在突出产品的核心价值后，客户还是犹豫不决，销售人员可以多向客户展示产品的附加值，当客户觉得"物超所值"时，就会非常痛快地购买你的产品。

● 案例场景

有一家公司主要生产洗发水，他们的产品主要供应给发廊。但是他们的销售方式有点特殊，他们没有让销售人员上门推销产品，而是向发廊推广了一种"头部 SPA"按摩理念并免费提供培训。当然，他们最后也不会忘记提醒发廊，用他们的产品做头部 SPA 效果会更好。

结果，这家发廊因为"头部 SPA"的新理念而顾客盈门，而提供创意理念的洗发水公司的系列产品也顺理成章的进入发廊。

● 案例分析

在一般的销售人员看来，卖洗发水就卖洗发水，能把东西卖出去就行了，何必还要费这功夫。但结果显示，这才是最高深的销售技巧，其实质是为客户创造附加值，以便更容易接受自己想推销的产品。

正所谓功夫在拳外，无招胜有招。表面上来看这家公司没有直接销售自己的产品，甚至少有提及。但有了附加值，产品即使贵点，在客户看来也是物有所值。因此，销售人员必须要学会利用产品的附加值。

● 技巧训练

1 销售人员要把介绍产品的服务以及产品带给顾客的附加价值作为产品介绍的重点，并引导顾客把注意力放在额外价值上。

2 只有让客户看到你产品与众不同的地方，才会让客户打消对产品的其他疑虑。

一切生意的目的都是为了创造和留住客户，客户是唯一的利润中心。产品除了具备的核心价值之外，还有很多可利用的附加价值。有的客户就是被这些附加的价值所打动。比如，一条漂亮的围巾，它的核心价值是御寒保暖，但是有些客户把它作为一种装饰用在别的地方也未尝不可。

销售技巧

如果销售人员给予客户的产品价值是无法量化的，客户会很难相信你的产品，所以销售人员在为潜在客户介绍产品时，要突出产品的核心价值和附加价值，在最短的时间内抓住客户的注意力，激发客户的购买兴趣。

三、找准顾客关注点的产品介绍技巧

在介绍产品时，许多销售人员都会提前设定好一套模式，但他们向客户介绍的只是自己认为重要的东西，完全忽略了客户的感受和认同。当销售人员极力推荐的与客户的关注点不一致时，不仅很难打动客户，反而会让客户觉得厌烦，大大降低其购买兴趣。

特别提示

销售人员在为客户介绍产品时，客户的注意力是有限的、有选择的，他不可能对产品的所有方面都感兴趣。因此，销售人员向客户讲解时，不需要做到面面俱到，而应该把重点放在客户关注的方面。

正如哲学家所说："对一个人来说是蜜糖，对另一个人来说是毒药。"销售亦是如此，如果销售人员提出的产品特色不符合客户的实际需要，即使这种产品特色再大、再多，也不会引起客户的购买兴趣。

因此，销售人员必须了解什么产品特色对这个客户具有最大的吸引力，什么产品特色是这个客户最为需要的。只有了解这些，并满足他迫切需要的特色方面，销售才能取得成功。

● 案例场景

房地产商、医生和艺术家三人一同去拜访他们共同的朋友，路上他们经过一条繁华的街道。到朋友家后，朋友的小女儿问他们在那条街道上看到了什么，而他们的回答也各不相同。

房地产商回答："我在街上看到两个小孩，他们在讨论怎样挣钱。一个男孩说想摆一个冰激凌摊，并把地址选在两条街道的交汇处。我觉得这个男孩有做生意的眼光，将来可能会成为一个成功的商人。"

医生回答："我看见一个橱窗里摆满了治疗消化不良的药，有些人正在挑选。我想他们更需要的是新鲜的空气和睡眠，可我无法告诉他们。"

艺术家回答："我看见在天空的映衬下，城市就像一个巨大的穹隆，暗暗的金红色在落日的余晖里泛着微光，就像一幅美丽的图画。"

● 案例分析

同一条街道，三个人却看到了完全不同的景象，这是为什么呢？因为他们的关注点不同，注意力放到了不同的地方。

客户在购买产品时亦是如此，每个人对产品的关注点都有所不同，侧重点不同也就对产品有不同的要求。

（一）利益是销售陈述的重点

销售人员要努力去了解客户关注的利益和好处是什么，然后集中精力对这些方面进行解说，而不是面面俱到。你介绍得再多，如果不是客户所需要的，客户也不会为其埋单。

介绍产品时，销售人员没必要将你了解的所有知识都展示出来，也没有必要让客户成为这方面的专家。讲什么一定要根据销售对象来进行选择，而利益正是销售人员应该陈述的重点。你不需要将产品的众多好处全都罗列出来，而要展示它对客户的价值所在。

例如，对注重产品外观的客户，应该针对产品的外形美观和款式新颖进行说明；对注重产品价格的客户，应从产品的物美价廉或者产品的价值大于价格进行说明；对注重产品质量的客户，则应以产品的优良品质作为讲述重点。

只有让客户觉得产品正好符合他的利益，才能把话说到客户的心坎里，才会让他坦然接受你的解说。因此，销售成功的第一步，就是要弄清楚客户想要些什么。

● 案例场景

一款小型汽车，不同的客户其购买理由也不尽相同：有的是因为驾驶时舒适顺手；有的是因为喜欢其外形和风格；有的是因为价格便宜……

而吴姜购买的理由仅仅是车子小停车方便而已，因为她驾照拿下来时间不久，停车的技术还差点火候，经常因为停车技术不好而发生尴尬的事情。而这种车型恰好车身较短，停车要方便些。

● 案例分析

每位客户看中产品的利益点并不完全相同，如果顾客看中的是小车方便，而销售人员一味推荐大型汽车性能好，不管你如何夸奖大型汽车，相信也很难让顾客动心。

● 技巧训练

1 要确保解决方案和产品利益要与客户需求之间的精确匹配，客户不会理解他们不明白的特性，也不会重视与他们实际需求无关的利益。

2 向客户介绍不超过三个最重要的且能满足客户需求的优点和利益点，因为客户一般不会记住超过三个的产品优点和利益。

（二）销售陈述妙趣横生，吸引潜在客户

销售人员在介绍产品时要遵循注意力、兴趣、渴望以及行动的原则，除了根据客户的实际需要展示产品所具备的优越性和价值外，还应该使销售陈述生动有趣，吸引潜在的客户。而这就要求销售人员在陈述时，充分调动自己的形体，用肢体语言让陈述妙趣横生。

销售人员可以通过提问、试用产品、产品演示等方法激发客户参与到销售陈述中来，通过让潜在客户的参与，你会抓住客户的注意力，减少客户对购买的不确定性和抵触情绪。而这样的销售陈述也会激发客户的探索兴趣，使其对产品更加感兴趣。

（三）证明性销售陈述更有力量

如果单纯地向客户说产品的优势，客户可能会有空口无凭的感觉。为了让自己对产品的陈述更有说服力，销售人员可以借助第三方来证实产品的优势和利益，以此获得客户的信任。

证明自己的产品主要有以下几个方面：

用事实说话	图片、模型、VCD 等都是最好的选择方法
让专家说话	权威机构的检测报告或专家的论据
让数字说话	产品的销售统计资料及竞争者的比较资料
让公众说话	来自媒体特别是权威报刊、杂志的相关产品报道
用事实说话	客户推荐函及一些实际使用实例

四、这样向准顾客介绍产品，百分之百成交

介绍产品的时候，沟通技巧能够让销售人员更好地了解客户的心理，如此一来，也就可以更好的设计销售策略，顺利完成销售任务。但是销售除了人与人情感的沟通，也加入了销售的目的，所以沟通技巧越来越受到销售人员的重视。

特别提示

销售人员只有确保掌握信息的正确性和准确性，才能准确向客户介绍产品，达到很好的沟通效果。

向客户介绍产品时，难点就是判断顾客的关注点或利益点。因此，一个优秀的销售人员应该懂得用"望、闻、问、切"的技巧来进行销售沟通。

望	闻	问	切
听的技巧	观察的技巧	提问的技巧	解释的技巧

（一）"望"——听的技巧

这个技巧包括专心地倾听和适时地确认。在与客户电话联系或是面对面交流时，一定要认真倾听客户讲话，且要带有目的地去听，从中发掘客户有意或无意流露出的对销售有利的信息。

● 技巧训练

1 销售人员在听客户讲话的时候，要适时对客户的问题进行确认，保证正确理解所要表达的意思。

2 在听的过程中适时地插问，表达对客户的尊重和重视。

（二）"闻"——观察的技巧

观察的技巧贯穿于整个销售过程中，尤其是在与客户建立良好关系时，很有价值。

在与客户沟通过程中，客户的一个眼神、一个表情、一个不经意的动作，这些肢体语言都是他心理状况的反映，一个优秀的销售人员一定要善于把握，并适时地给予回应。

同样，客户周围的环境，具体可以指他的办公室的布局和陈列风格，也在一定程度上反映了该客户的行为模式，为如何与之建立长期的关系提供了必要的信息。使用这些信息和销售人员自己的理解可以帮助销售人员建立与客户的关系，并决定下一步该怎么做。

（三）"问"——提问的技巧

在获取一些基本信息后，提问可以帮助销售人员了解客户的需要、顾虑以及影响他做出决定的因素。

同时在沟通气氛不是很自然的情况时，可以问一些一般性的问题、客户感兴趣的问题，暂时脱离正题以缓解气氛，使双方轻松起来。

时机成熟时可以问一些引导性的问题，然后再渐渐步入正题，激发客户对产品的兴趣，引起客户的迫切需求。比如，如果不及时购置该产品，很可能会造成不必要的损失，而购置了该产品，一切问题都可以解决，并认为该项投资是非常值得的。这就是引导性提问最终要达到的效果。这时作为销售人员就需要从客户那里得到一个结论性的答复，可以问一些结论性的问题，以锁定该销售过程的成果。

在与客户沟通的整个过程中，要与客户的思维进度的频率保持基本一致，不可操之过急，在时机不成熟时急于要求签单，很容易造成客户反感，前功尽弃；但是也不该错失良机，在该提出签单要求时，又担心遭到拒绝而错失机会。

（四）"切"——解释的技巧

解释在销售的推荐和结束阶段尤为重要。

在推荐阶段，为了说服客户购买而对自己的公司、产品、服务等做出解释和陈述，以达到订购目的；在谈判过程中，即销售接近尾声时，会涉及许多实质性问题，双方为了各自的利益会产生一些分歧，这就给双方达成最终协议乃至签单造成障碍，这些障碍需要及时合理地磋商和解释来化解。

所要解释的内容不可太杂，只需包括为了达到解释目的的内容。解释要简明，逻辑性强。当需要解释细节时，应避免不痛不痒的细节，该展开的一定要展开，该简洁的一定要简洁，尤其在向客户推荐时，不能吞吞吐吐。

成功解释的关键是使用简单语言，避免太专业的技术术语，尤其是对你的客户来说不清楚的。只有你的客户明白这些术语时，使用才是适合的，同时也要适当的使用，避免不必要的差错。

（五）不给顾客说"不"的技巧

面对销售人员的产品介绍，许多客户很容易说"不"。客户说"不"只是拒绝销售人员的一种借口。销售人员若能够明察秋毫，灵活应对客户的借口，那么客户或许就没有说"不"的机会了。那么，销售人员怎样才能不让客户说"不"呢？

这需要从以下几点做起：

1. 恰当的开场白使客户不得不回答"是"

在设计产品介绍开场白时，销售人员可以提出一些接近事实的问题，让客户不得不回答"是"。这是和客户结缘的最佳办法，非常有利于销售成功。

在与客户交谈的过程中，销售人员要善于提问不得不回答"是"的问题，经过多次这样提问，就可以使客户形成一种"惯性"，培养起了客户想回答"是"的心理状态，这就为你们最终达成交易积蓄了力量。

2. 开口要求交易

消除客户的各种"不"，并不表示就能得到"是"答案。因此，销售人员一旦听到购买信号就要立即开口要求交易。要求交易的重要原则是：销售人员的问题一定要消除否定答案出现的可能性。销售人员可以以回答客户主要需求或欲望的方式，拟定促成问题。

● 销售案例与分析

销售人员："张女士，你喜欢明亮颜色的上衣，还是暗色的？"或者"请问你付款方式是开支票还是刷信用卡？"

销售人员这样提问就可以利用客户选择或喜好的方法，轻轻松松把"不"摒弃在答案之外了。

特别提示　销售人员开口要求交易的关键在于真诚、友善的态度。不要逼迫或施加高压，如果你问了促成问题后便停止说话，空气中的紧张气氛会迅速凝结。

3. 从客户感兴趣的话题着手

有些销售人员好不容易约见客户，但却不知道如何向客户介绍产品，而硬生生地问："请问您对××产品感兴趣吗？"显然，这样的回答总会得到简单而冰冷的"不"字。

为了避免这种尴尬情况，销售人员要善于从客户感兴趣的话题着手，引导客户回答"是"，借题发挥才能与客户达成共鸣。

让客户没有说"不"的机会，就是在客户对你的产品说"不"之前，一定要千方百计的改变他这种想法。当然，销售人员一定要注意，不要让你的客户说"不"，并不是不给你的客户任何说话的机会。否则会让客户觉得不被尊重，甚至产生逆反心理，客户最终会对你说"不"。

销售技巧　介绍产品时的沟通技巧涉及许多方面，并不是几句话就可以说全的，要想取得成功，与自己的努力是分不开的，还要不断的从实践中分析总结，找出适合自己的销售技巧才是最成功的。

第 5 章

化解拒绝细节——
80%的生意都是在拒绝中完成的

销售细节

"被拒绝"是非常令人头痛的事，销售更是如此。但销售多是从拒绝开始的，真正的销售高手，会找准机会巧妙地将顾客的拒绝化为无形，最终取得销售成功。

一、作为一名销售员，如何看待被拒绝

作为一名销售人员，被客户拒绝是经常发生的事。有时自己还没开口就被客户拒之千里之外，有时是投入了大量精力之后，本以为势在必得，却还是惨遭拒绝。

被别人拒绝，心理总归会有一阵失落，会觉得那是一种不被认可的表现。不管在生活还是工作中，几乎每个人都被拒绝过。销售人员吃闭门羹更是屡见不鲜，所以销售人员的心态调整是非常重要的。

特别提示

客户拒绝的因素有很多，可能是因为没钱、没时间，也可能是因为销售人员自身的业务素质不够。销售人员要从被拒绝中吸取教训，避免陷入低潮，影响到后续的工作。

尤其是销售新人，一定要明白被拒绝是正常的，并不是什么大不了的事，不要因此而失去信心。那么应该如何对待被拒绝呢？

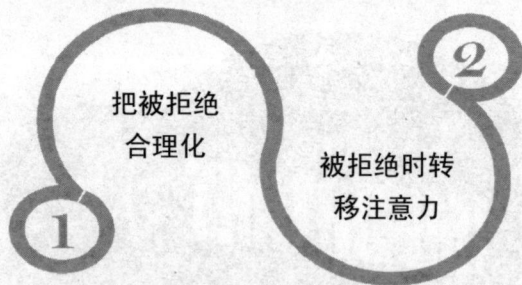

把被拒绝
合理化
①

②
被拒绝时转
移注意力

（一）把被拒绝合理化

人有一种思维定式，如果在脑海中认定一件事是合理的，便不会想要去追究它的原因。因此，要学会让自己慢慢接受被拒绝是合理的，只有这样才能让自己的内心变得强大起来，不再为被拒绝而烦恼不已。

● **案例场景**

　　李叶是某服装品牌的一名销售人员，入职培训时她还信心满满，准备大干一场。然而，第一天正式工作就让她尝到了被拒绝的苦头。

　　当顾客进门后，李叶总是笑脸相迎，希望给顾客留下好印象，也就能为自己争取更多的时间来介绍服装。可是事与愿违，自己的努力换来的总是客户冷脸拒绝，这让她十分难受。

　　结果，李叶工作不仅没有进展，生活也受到了影响。她开始变得不爱说话，工作时也表现得唯唯诺诺。再三思考过后，李叶觉得自己并不适合干销售，便向经理提出辞职。

　　了解情况后，经理说道："其实，客户很多时候并不是在拒绝你，而是拒绝产品或服务。就算是拒绝你也没有什么，每个销售人员都会遇到这样的情况，并不是只针对你一个人。因此，你完全不用怀疑自己。你很优秀，要相信自己，要学会应对和适应被拒绝。"

　　听了经理的一番话，李叶决定再试一段时间。之后的销售中，她恢复了以往的活力和热情，就算被顾客拒绝，也能及时调节心态。

● **案例分析**

　　就算你害怕拒绝，拒绝也不会消失，销售人员要做到的就是把拒绝合理化。案例中的李叶从害怕拒绝到接受拒绝，主要还是靠自己调整心态。不管别人说多少，如果自己的心态调整不好，销售工作也做不好。

（二）被拒绝的时候转移注意力

　　做销售被拒绝是家常便饭，但是有些销售人员在被拒绝时会将失落和不高兴直接表现出来，这会让双方都感到尴尬。因此，销售人员被拒绝的时候可以转移注意力，避免陷入尴尬的境遇里。

　　被拒绝并不可怕，我们要的不是被拒绝后的唉声叹气，而是找到被拒绝的原因。只有这样，我们才能从失败的教训中吸取经验，才会离成功销售更近。

● 案例场景

赵颖是做平面媒体广告业务的，主要负责某报纸的印刷品广告专版的销售工作。

一天，她经朋友介绍见到了某印刷厂的老板。一见面，她非常热情地向对方介绍自己负责的版面广告位多么的紧俏，在她那里做广告的印刷厂每年都能盈利多少等。赵颖越说越激动，感觉这笔生意肯定能做成。

没想到，对方非常冷淡地打断了她："我们不需要这个，我们只是印刷一些小广告、传单之类的东西，都是一些固定的客户。"

一盆冷水浇下来，赵颖顿时清醒了许多：今天来错地方了。

● 案例分析

当被客户拒绝时，不要总想着自己的委屈。还要分析一下客户拒绝自己的原因，以及接下来要用什么方式来对待这个客户。这样不仅能减少被拒绝的痛苦，还能增加销售成功的砝码。

● 技巧训练

1 被拒绝时，可以做腹式呼吸调节自己疲惫的状态，让自己充满正能量。

2 和周围的人开开玩笑，重新调整一下自己的话术与思路。

销售技巧

销售人员一定要明白，很多时候客户并不是在拒绝你本人，而是拒绝你所推销的产品或服务。即便是拒绝你本人，那也是很正常的，不遭到客户拒绝几乎是不可能的。

二、顾客迟迟不付款，如何促进销售进程

销售人员经常会遇到这样的一种情况：产品好不容易卖出去了，但是顾客却迟迟不肯付款。如果对顾客施加压力会影响彼此的关系，如果款项要不回来，公司那里也不好交代。

特别提示

> 有些销售人员怕影响与客户的关系，觉得回款应该由其他部门负责，其实这种想法是错误的。销售人员的职责就是：把公司产品销售出去，并以最快的速度回款。

如果顾客经常性延迟付款或者根本不付款的话，那么销售人员如何处理才是最恰当的呢？

（一）起草一个付款时间表

为了能够准时收回欠款，销售人员应该做一个计划表。销售人员可以把项目分解成若干个小阶段，根据这些节点规定付款时间。

这不仅让你有机会查看顾客是否对进度感到满意，同时也降低了自己的财务风险敞口，并且让你对自己的现金流有更多的控制力。

● 案例场景

建材销售员张栋耐心地看着王经理，仍然重复着那句话："请问，您什么时候把欠款付给我公司？"

从进到王经理办公室到现在，张栋几乎没机会讲话。王经理找了一个又一个问题：产品质量不好、送货时间不及时、售后服务不好，这些都成为他不付款的理由。

但张栋明白这批货的品质很好，也按照合同时间送到了，己方没有任何问题。于是，张栋看着王经理表演，就是岿然不动。

王经理愣了，以往遇到这种情况，自己一顿抱怨和牢骚，收款的人早就退缩

了。其实他也知道张栋的公司没问题，但是还有一家公司的货款到期了，而自己手里的钱只够付给一个公司的。

实在没有办法，王经理只得说自己手头有点紧。而张栋也对王经理讲了自己的难处，最后决定可以先付40%，其余的先写一份付款计划，一个月内付清。

● 案例分析

案例中，双方都有难处，但为了双方的利益，最后达成的协议是先付一部分款并起草一个付款时间表。

其实，任何问题都是早解决比晚解决更容易，很多客户也宁愿这样做，特别是在复杂的项目中更是如此，这是因为他们觉得这样能让自己对费用支出有更好的控制。

● 技巧训练

1 请顾客付款时不要被顾客的情绪吓到，你要不断地提醒自己：我来干什么，我的目的是什么？

2 很多时候，顾客都在试探你的底线，销售人员一定要掌握好度，不要把客户逼得太紧，但也不能轻言放弃。

（二）要求某些客户预先付款

有些公司可能不愿意要求客户预先付款，因为他们觉得这样做会让他们看起来太过"年轻"了。不过如果你的公司是刚刚起步的话，最好还是实话实说并且争取赢得你的客户的支持。

但是你需要他们预先付款的理由必须听起来完美无瑕。在大额的交易中，一些公司更愿意将钱付到第三者保管账户。无论你使用哪种方法，思路都是一样的。如果你投入资源，那么你的客户也应该有所投入。

（三）为预付款的客户提供折扣

提供折扣的优点在于给了顾客一个提前付款的理由，这样他们能够在回到自己的办公室后为自己辩护，说服自己预先付款是一个明智的决定。同时，很多人认为这比简单的要求对方先付定金要好得多。

（四）做尽职调查

在与顾客合作时，销售人员可以对顾客做一下信用调查，问朋友和同事都是不错的选择。当了解一家新公司的时候，可以调查它还和哪家公司有合作，这会让你获得很多有效信息，明白顾客的信誉度如何。

做过详尽的调查后，销售人员才知道与哪些客户合作不用担心付款问题，与哪些客户合作需要提前制定好付款计划。

销售技巧

要求客户付款是一个心理对抗的过程，只有准备充分，才能在收款的过程中占据主动地位。多数拖欠款项的公司都是在权衡、试探，其实客户的付款习惯是我们养成的。

三、化解顾客拒绝的六把"利剑"

现在是"买方时代"，销售人员听到顾客的拒绝是家常便饭。对于顾客的拒绝，销售人员也会有不同的心理，有的沮丧，有的淡然，有的会直接放弃寻找下一家，有的会调整策略准备第二波的进攻。

特别提示

销售人员在任何时候都要保持"三心"，对工作要有恒心，对客户要有耐心，对产品要有信心。只有把心态调整到最好，才可以从容面对客户的拒绝，顺利完成销售工作。

不论顾客是出于何种原因拒绝，只要巧妙应对，总能敲开对方的心门。当然，这不仅需要语言技巧，更需要心理技巧。想要化解顾客的拒绝，何不试试以下六把利剑？

类比推理　因势利导　装傻充愣　曲线进攻　声东击西　另辟蹊径

（一）类比推理

有些客户在拒绝时碍于面子或出于礼貌会找些托词，如"不好意思，我很忙没时间"等。如果你真的相信了，等客户有时间再谈，那么客户会永远没有时间。对于客户的托词，销售人员应该鼓足勇气，运用类比推理进行进攻。

面对客户的推托之词，正面回答并没有什么效果，客户会找出更多的推托之词。销售高手往往会以顾客的推托之词为诱饵，巧做类比主动进攻，从而说服顾客。

● 案例场景

张总："这几天我比较忙，过段时间再说吧！"

徐楠："如今的成功人士，说得最频繁的一个字就是'忙'，张总您是一个事业心很强的人，为打造一家行业内的顶尖企业，总是在不停地忙碌，是吗？"

张总叹口气说："是呀！"

徐楠："我有一个好的方案，能帮助贵公司的经济效益提升15%以上，张总您何不忙里偷闲听听呢？"

● 案例分析

对于顾客的推托之词，不管是否真实，不要去正面回答。销售人员可以提出一个对方感兴趣的话题，进行反问，点到客户心中最关切的问题。从容而自然地把自己的观点寓于类比之中，引起客户的兴趣。

（二）因势利导

当然，也不排除顾客的拒绝是故意刁难，优秀的销售人员不会正面辨别，而是趁势将局势搅浑而从中渔利。

在公共场所遇到反对者的恶意挑衅，如果从正面反驳是下策，这只会让你跳进对方的圈套，陷入尴尬的情境里。销售高手则会调动周围人的情绪，将反对者指向的矛头由单个人转换成众人，以孤立对方。给对方施加精神压力，使之无还手之力。

● 案例场景

技术方案评选大会上，刘扬公司的方案胜出，获得现场评委的一致好评。颁发奖项时，另一公司的经理不怀好意地说："就你们这个方案，还真是漏洞百出，没有一丝一毫的可操作性！"

这位经理的话一出，现场一片寂静，这时刘扬站起身来从容不迫地说："这位先生说的，我也有同感，但在这么多专家面前，他们一定会说你我是个外行！"刘扬的话引来一片笑声，那个反对者则面红耳赤，一句话也说不出来。

● 案例分析

刘扬面对他人恶意的挑衅，如果从正面反驳必然会中了对方的圈套。对方在说出这句话的时候，肯定还有充足的准备应对他的反驳。但是刘扬并没有被对方牵着走，而是巧妙地将矛头转向现场评委，让对方觉得自己是在向专家挑战，不战而屈人之兵，这正是"因势利导"的妙处。

（三）装傻充愣

并不是所有的顾客对你的产品都非常清楚，有些顾客也会不懂装懂，用些外行话来拒绝你。对于这种情况，销售人员要如何应对呢？当面揭穿让顾客下不来台，那样销售真的是一点机会也没有了。这时销售人员不妨装傻充愣，给顾客一个台阶下，对双方都有好处。

● 案例场景

马佳是一名继电器销售人员，在与某企业采购部王经理沟通后，王经理委婉地说："其实，我们已经有了固定的节电器供应商了，现在并无意更换。实在抱歉，我实在帮不上忙，如果贵公司是生产其他相配套的产品就好了！"

马佳听后，不动声色地说："您的意思是说，除了节电器，贵公司尚在选择其他配套产品的供应商吗？"

王经理："是的！"

马佳："实在对不起，我在介绍公司产品时没说清楚，我公司是生产继电器的，与节电器是两类不同的产品，还请您多多关照了！"

见之前是自己出错，但马佳也没有直接戳穿，王经理忙连声应好。

● 案例分析

案例中客户拒绝的理由并不正确，是对产品的一个错误认识。但销售人员马佳聪明的没有指出，没有让场面陷入尴尬中。而随后的说辞，也让客户欣然接受，从而痛快的成交。

（四）曲线进攻

对于顾客的拒绝，有时再多的解释也是徒劳，与其白白浪费口舌，不如找准对方的软肋，进行曲线进攻。对准顾客的弱点进攻，其妙处就在于轻描淡写之间施加压力，迫使对方让步。

● 技巧训练

1 比如，遇到的顾客以权压人，处处刁难，销售人员可以搬出更高权势的人与之抗衡，能逼迫对方退让。

2 使用此方法时，销售人员要懂得转变的艺术，如果直来直去，会让对方产生逆反心理。

（五）声东击西

不管顾客拒绝的真正意图是什么，销售人员都要巧妙地在无形中改变对方的思路，将同样的话用不同的方式表达出来，让对方找不到拒绝的理由。

声东击西就是明知道顾客会用各种理由拒绝，也要从正面下手。当顾客拒绝时，先虚晃一枪，然后迅速改变进攻方向，利用对方拒绝的理由作为支撑点，让对方无力反驳。

（六）另辟蹊径

当双方的谈判进入困境时，如果一味地纠缠很难让销售向前迈进。这时销售人员可以另辟蹊径，也许能够"柳暗花明又一村"，取得不错的效果。

当顾客如果死咬着某个问题不放，销售人员千万不要慌，对顾客一通反驳，一定要沉着冷静。与顾客进行反驳，不管你多有理都很难让顾客认同。另辟蹊径的核心要义就是先将争议搁置，双方换个角度去思考分析问题或许更容易达成共识。

销售技巧

当销售人员使用这六种化解客户拒绝的方法，就可以从容面对来自不同客户的各种拒绝。其实，关键还是要把握好自己的心态，不要被客户的拒绝引入僵局，这对销售百害而无一利。

四、制造难题让那些需要"考虑"的顾客产生紧迫感

无论销售人员多么热情的介绍产品和服务，有些顾客总是认为无所谓，嘴上通常会说"我考虑一下"，其实这是很多顾客习惯性的借口。

面对这种情况，销售人员应该如何进行下去呢？顾客没有很强烈的购买欲望是因为他们没有急需使用产品的紧迫感。对此常规的销售手段就不会起作用了，这个时候不妨选择主动出击为顾客制造点难题，让顾客自己感觉到产品的重要性及购买的紧迫感。

> **特别提示**　当顾客购买欲望不强烈时，销售人员的态度可以强硬一些，让顾客意识到现在不买或许就会使自己的利益受到损失，从而产生紧迫感。

（一）暗示客户此时不购买是他的损失

有些客户在面对销售人员"苦口婆心"的劝说时，往往会认为销售人员是出于自身利益的驱使来劝说自己购买产品，并不是真正的为自己着想，这会让客户非常反感。因此，想要客户购买，销售人员就得让客户自己意识到不购买损失的是他自己。

● 案例场景

肖钰是一名服装生产设备的销售人员，王刚是肖钰的老客户了，也是肖钰一直没有攻克的顽固型客户。虽然王刚厂里的机器设备已经很陈旧无法再正常使用了，但是他就是不愿意更换，所以肖钰决定亲自到王刚的厂里去看一看。

肖钰在王刚的带领下参观工厂以后，突发奇想："王厂长，您知道隔壁工厂这个月的产量吗？"

王刚："我知道，我也正在纳闷，以前我们两家的产量是差不多的，最近不知道怎么回事，他们的产量突飞猛进。"

肖钰："其实原因很简单，因为他们购买了我们公司新研发的生产设备，所以生产效率大大提高。其实不止他们一家，全市大部分同行都已经采购了我们的设备，我想您也不想落后吧。"

王刚听完肖钰的话略有一丝尴尬，之后就陷入了一阵沉思之中。当肖钰决定离开的时候，他主动提出购买一套新的生产设备。

● 案例分析

肖钰之所以能够劝说王刚购买自己的生产设备，就是因为他利用了对比的方法，让顾客认识到自己在与众多厂家的竞争之中已经陷入了劣势，日后如果不进行改进将会继续落后甚至被淘汰，于是产生心理失衡及急需设备的急迫心理。

● 技巧训练

1 为顾客制造难题时，一定要让顾客感到产品的必需性，最有效的方式就是走近客户。

2 销售人员在让顾客产生紧迫感的同时，也要注意说话的方式和态度，不要让顾客觉得自己受到威胁。

3 销售人员要把握住顾客的焦点来制造难题，让他们了解拒绝可能导致关注点的损失，从而一举击破对方的防备心。

（二）客户的利益会受到威胁

如今各个行业的竞争越来越激烈，为了在竞争中占得优势地位，许多企业和商家都在随时关注自己的安全地位是否受到了威胁，聪明的销售人员不妨利用顾客的这一心理，在与顾客进行沟通的时候，把当前的竞争情况详细地分析给你的顾客，让他们意识到自己的利益会受到威胁，最终答应面谈，并顺利成交。

● 案例场景

销售人员："张总，您管理一个这么大型的商场肯定很不容易。而且商场里人群比较密集，一不小心很容易出现危险。不管是谁的责任，都会给您带来一定利益上的损失，所以我建议您不妨了解一下我们针对这种情况的保险业务。您看，是今天还是明天有时间我过去与您面谈一下？"

● 案例分析

案例中的销售人员一针见血指出了会给顾客利益带来威胁的诱因，并且说明自己公司有专门针对这种情况的业务可以帮助顾客减轻对这方面的担忧。相信就算不购买，了解一下这方面的知识，顾客也会选择与销售人员进行一次面谈，而销售人员获得面谈的机会以后，达到销售目的也就顺理成章了。

（三）让客户知道你在为他着想

如果销售人员给客户的感觉是为了销售而销售，难免会引起客户的疑虑，拒绝购买，而客户只有在认为现在做出成交决定可以获得最大利益的前提下才会决定成交。因此，销售人员要多站在顾客的立场上考虑问题，让顾客明白你是在诚心诚意地为他们着想。

销售人员在使用"问题制造法"的时候，要审时度势。如果客户拒绝与你沟通，甚至试图挂断电话，应该自信地告诉客户：如果你现在不了解这些信息，你可能会面临巨大的问题或者损失；如果你不接受我的意见，你将落后于你的竞争对手。一般通过这样的暗示，会让客户产生强烈的好奇心和兴趣，从而主动了解我们的业务和产品。

销售技巧

在使用"问题制造法"时，销售人员一定要了解清楚客户的相关情况，利用一些附加价值，比如，企业形象来刺激客户，千万不要因为涉入不精而陷入僵局。

五、给想与家人商量的顾客一点建议，帮其果断做决定

销售人员热情地为客户介绍产品，客户也对产品很满意，本以为成交很自然，客户却说"我想回家跟家里人商量一下……"而销售人员也明白一旦把客户放走，很有可能他再也不会回来。

客户提出要跟家里人商量，一般有两种可能：第一，确实是要回去跟家人商量；第二，这只是一个借口，他不好意思直接拒绝。

特别提示

面对优柔寡断，极易受环境影响的客户，销售人员一定不要轻易让其走掉，而是抓住其犹豫不决的性格特点，尽量说服其购买。

（一）认同客户的顾虑，表达同理心

当客户提出需要和家人商量过后再决定是否购买时，销售人员不应太过于急功近利而不认同客户的想法，应该这样回应客户：

"您说得对，买家具毕竟不是买小物件，不是一笔小数目，是要和家里人商量商量的。"

"女为悦己者容，我认为您爱人觉得好看才是最重要的。您看这样行不行，您可以试穿一下，然后拍个照片给他发过去，问问他的意见。"

如果在客户需要旁人的参考意见时，能够认同客户的顾虑，表达同理心，会让客户觉得你是在为他考虑，就能争取到客户的心理支持，继而会拉近和客户之间的距离。这样即使客户认为需要和家人商量，你也可以暂时把客户留住，从而为接下来的说服工作奠定基础。

（二）让顾客认识到不与家人商量的好处

让客户认识到不与家人商量的好处，我们可以挖掘产品背后的意义，你可以恭维一下客户。

比如，可以说："其实，这不仅仅是一件产品，而是一种心意，是一种爱，不管它怎样，只要是您买的，相信您爱人都会喜欢。再说啦，如果她真有什么不满的地方，只要不影响再次销售，我们特别允许您在三天内都可以拿回来调换，您看这样成吗？"

● 案例场景

林峰想在结婚纪念日送妻子一条项链，于是他在某珠宝专柜挑选了一条，最后却说："我怕我妻子不喜欢，我还是回去和她商量一下吧。"

销售人员："您有这种想法我可以理解，毕竟购买一条宝石项链的确不是一笔小钱，想与妻子商量一下也是正常的，但是作为妻子，如果自己的丈夫能记住结婚纪念日，并在当日给她一个惊喜，那么她一定会特别开心；一旦您与妻子商量的话，这种神秘感也会消失。今天也刚好是我们 10 年店庆，会有返利活动。满 1000 元就直降 100 元。这个活动仅限今天一天。而且我们这里的项链每个样式都只有一款，销量也很好。要不这样，我暂时给您保留起来，不过我真的不保证下午之前这条项链……所以，我真的希望您不要错过这条项链……"

林峰："我看我还是先买了吧，万一下午过来的时候，其他人已经买走了，那不就可惜了……"

● 案例分析

销售人员之所以能够劝说客户购买，是因为她既保持了良好的态度，又适当的让客户认识到不与家人商量的好处：如果客户现在不购买，执意要回去与妻子商量的话，不仅会失去给妻子惊喜的机会，还可能会导致他中意的戒指被其他客户买走；并且也会错过店庆返利的优惠。

在综合考虑之后，客户自然会暂时放下与妻子商量的想法，从而选择立即购买。

● 技巧训练

1 适当赞美客户，鼓励客户尽快成交。比如，您的眼光真好，您老公一定会喜欢的。

2 赋予购买产品独特的含义。比如，是为爱人制造惊喜、表达孝心等。

3 用人们的从众心理来刺激客户购买。比如，现在的小女孩都喜欢这样的款式，我相信您的女儿一定会喜欢的。

4 大胆为客户建议，也不可表现出急于销售的情绪，否则会让客户产生负面情绪。

（三）施加压力，加速顾客的购买节奏

● 案例场景

一位女士走到王婷婷的化妆品柜台前，这位女士看了半天后，停留在了一款彩妆面前。王婷婷马上迎过来，给顾客进行了非常详尽的介绍，顾客对产品也很满意。最后却说："我还是想跟我的姐妹商量一下，她在彩妆方面很有眼光的。"

"我同意您的想法，不过您的眼光也非常好，从您今天的妆容我都能看出来，高贵典雅，凸显气质。对了，您今天真的很幸运，这是我们产品全线最后一套了，过了今天，这款产品就不会再卖了……"

● 案例分析

当客户迟迟无法下定决心购买时，销售人员千万不要认为等待可以得到结果，因为客户权衡不出答案也许就会放弃购买。很多时候客户下决定都需要销售人员的参与，这就需要销售人员主动出击，对客户适当施加压力，甚至帮助客户做决定，这一招通常都很奏效。

你可以说："这种产品现在特别缺货，我们公司已经不生产了"等，如果客户确实满意产品，一般来说他们会立即做出购买的决定。

销售技巧 在购买前，客户有所犹豫是非常普遍的现象。对此，销售人员不可直接放弃，甚至恶语相向，可以适当地向客户施压，让客户下定购买决心。

第6章

价格谈判细节——
利用细节掌握价格主动权

销售细节

　　销售就是一场博弈，面临两难的境地时，对峙会失败，妥协会失利。销售人员只有提升谈判能力，才能在价格博弈中掌握主动权。

一、销售人员如何应对顾客的讨价还价

有时不管销售人员报价高或者低，顾客都会觉得太高了，从而使劲砍价，甚至砍出的价格低得匪夷所思，让人哭笑不得。作为买家来说，永远希望用最少的钱买到最好的东西。

特别提示

> 其实顾客还价是个好现象，说明他有购买意向，销售人员要抓住机遇，机智地与顾客周旋，最终达成交易。

面对顾客的讨价还价，除了用产品质量对比之外，销售人员还可以尝试从以下几个方面来努力：

（一）先发制人，想讨价欲说还休

在与客户洽谈之前，销售人员可以事先言明供货价格已经"定死"，并且出于种种原因已经不能改变，希望对方可以理解。将丑话说在前头可以先发制人，堵住客户还没有出口的还价之词。

● 案例场景

杨彤彤是个特别爱逛街的姑娘，而且将讨价还价视为一种本事，逢买必砍，但是也不能说没有店家治不了她。

当她逛某些服装店时，店内就贴着一些告示性的标语："平价销售，还价免言"。当杨彤彤挑选好衣服想要还价时，销售人员会礼貌地指出："对不起，我们这里不还价"，并用手指指向告示牌。杨彤彤见是店里的硬性规定，也就不好意思再开口了。

● 案例分析

案例中的店家就是采取了先发制人的方法，在店内贴出禁止还价的告示牌，以此防止客户开口讨价还价。如果客户开口，可以指向告示牌，再次告知客户，既省时又省事。

当然，销售人员除了在店内贴告示牌防止客户讨价还价外，还可以使用以下两种先发制人的方法：

1 向客户说明影响价格定制的因素，比如，原料配方独特、加工工艺先进、广告促销有力等。表明"高价"原因，让客户感知确实是一分钱一分货，物超所值。

2 表明销售此产品自己同样没有赚钱，完全是看在与××厂家多年的老关系上接下这笔业务，希望客户多照顾，并向他表明一定会在以后的合作上加以弥补。

需要注意的是，使用"先发制人"的办法有一个前提，那就是产品本身过硬，质量好且销量很好，不会因为价格高低而直接影响到顾客的最终购买，否则会将客户拒于千里之外。

（二）察言观色，审时度势把价报

销售人员要想有效预防客户的讨价还价，一定要审时度势巧妙进行报价。而如何制定报价就要涉及客户的分类、报价的方式、时间、地点的选择等一系列的问题。

1. 分清客户类型，针对性报价

对什么样的客户报什么样的价，销售人员在报价之前要先摸清客户的类型，再有针对性地报价。

A 如果客户并不知道价格行情，销售人员可高报价，为砍价留有一定的空间。

B 如果客户不知具体某一品种的价格情况，但知该行业销售各环节定价规律，销售人员要适度报价，高低适度在情在理。

C 如果客户知道具体价格并能从其他渠道购买同一产品，应在不亏本的前提下，尽量放低价格，留住客户。

2. 讲究报价方式

在报价方式上，我们应注意以下三点：

报最小单位价格 →	整体报价不易换算成单价，而且整件价目较大，会给客户留下高价的印象。例如，啤酒报价通常报1瓶的价格，而不报1件的价格。
不报整数价 →	价格越具体越容易让顾客相信定价的精确性，在客户讨价还价的过程中，可以将零头作为讨还的一个筹码，"让利"给对方。
报平均时间内价格 →	例如，一盒保健品285元，很多人会嫌价太高，如果细算一下，一盒可服用三十天，平均每天只需花9.50元，这比同类产品平均每天要十几元相比划算得多。

当然，报价之前可以让客户先行报出可以承受的价格，这也是一个很好的探价、报价方法。

3. 因时因地因人报价

报价看似很简单，就像卖东西一样，谁不会啊？其实不然，专业合理的报价会给你带来更多的客户。如果报价太高，客户会被吓跑；如果报价太低，自己又吃亏。因此，报价也要讲究一定的技巧。

（1）根据时间报价

如果客户正忙得不可开交，可以先报一个模糊的价格，让客户对产品有大概的价格印象，详细情况可另行约定时间商谈。

如果客户有明确的购买意向，销售人员应抓住时机报出具体的价格，让其对产品价格有一较为具体的了解。

如果同行业务人员较多，竞争激烈，则不宜报价。此时报价，客户繁忙记不住，却让留心的竞争对手掌握了你的价格，成为其攻击你的一个突破口。

（2）在恰当的地点报价

报价是比较严肃的事情，应选择办公室等比较正规的场所，要不然会给客户一种随随便便的感觉。再者，在办公室以外的地方谈报价，占用私人时间容易引起客户的反感。

（3）把握好向谁报价

在销售中，价格是个比较敏感的话题，所以一定要找准报价的对象。逢一般人"且说三分话"，遇一把手才可"全抛一片心"。向做不了主的人报价，只能是徒劳无益，甚至使结果适得其反。

（三）突出优势，物超所值此处求

其实，应对客户的讨价还价是一种说服艺术。在劝说客户的过程中，销售人员要突出产品以及与产品销售相关的所有优势，让客户由衷地产生一种"仅此一家，别无分店"、"花这么多钱值得"的感觉，否则将说而不服。

● 技巧训练

1 突出产品本身的优势：质量有保障；有独特的卖点，竞争力强；有适宜的零售价格，消费者容易接受，虽然薄利但可以多销。

2 突出得力的后续支持：产品的相关广告宣传攻势强；促销政策到位，礼品配送及时；分销政策健全，能有效地控制分销市场。

3 突出周全的配套服务项目：比如，建立了免费咨询服务、送货上门、安装调试、终身保修等一套比较完善的售后服务机制。

（四）巧问妙答，讨价还需细周旋

客户询问产品的价格主要有两个目的：一是客户真心想购买，询价以得一个还价的价格基数；二是客户可买可不买，借询问之机以了解有关该品种的价格行情，也就是"探虚实"。

但有时客户讨价还价，是一些老客户为了拒绝或终止继续合作，还出一个我们根本无法承受的价格。

因此，销售人员应该做到明察秋毫，留意客户所提的每个要求，抓住要害，加以分析，快速地做出判断；明确客户询价问价以及讨价还价的真正目的；决定自己该不该对他报价，报什么价。

销售技巧

> 对于客户的讨价还价，销售人员应该遵循"不亏老本、不失市场、不丢客户"这一原则，并灵活掌握报价。需要注意的是，经过激烈的讨还价格后，一旦价格定下来要马上签订协议将其"套牢"，不给对方留反悔的机会。

二、多重报价：让顾客忘记讨价还价

不管你是卖产品的三流销售，还是卖概念的一流销售，都需要经历与客户讨价还价的阶段。在此之前是销售人员拿产品的价值说事，而现在起就是客户拿产品的价格说事了。

怎么才能让客户在价格问题上不斤斤计较呢？那就是采用多重报价。

（一）何为多重报价

多重报价就是给客户三种选择方案，而不是只有一种。如果只提供一种方案，客户就会本能地想着还价。而如果从低到高给出三种方案的报价，客户的注意力便会从"我要还价"转移到"哪种方案更合适"上。

客户会开始思考，"第一种提供的价值不够充足，第三种方案价格太高，还是第二种最合适"。

● 销售案例与分析

某公司要采购一批珍珠吊坠。客户发来图片，问："你们能不能做这个款式？"

丁玲看了看图片，是有对应的款式的。

客户："我们需要的珍珠是 AAAA 级的滴水珠，要你们这里最好的珠子，大小是 8mm，价格是多少啊？"

丁玲："那要看您要多少了？"

客户："2 万个。"

丁玲："不同的材质是不同的价格，主要看产品材质的问题。"

客户："配件要银的。"

丁玲："好的，我一会儿核算一下产品成本，马上给你报价。"

经过核算后，丁玲给客户报价：珍珠 10 元一个。配件：合金的 1 元；铜的 2 元；925 银的 4 元；925 纯银的 8 元。

丁玲的报价就采用了多重报价，报价比较细，这样不仅可以让客户信任，客户在选择的时候也会根据情况选择最合适的一种。客户最终选择了第三种配件方案。

（二）怎样应用多重报价

不过多重报价的方法并非万无一失，客户可能会要求用最低的报价买最高报价的方案，并且诱使你分项列出每一项的单价。千万不要这样！这样就给了客户逐项还价的机会。

另外，客户也可能要求你把第二种方案的价格下调。这种情况下你要学会交换，要么从方案中去掉一些对客户来说不太重要的项目；要么让客户提供一些对你有用的东西作为交换，比如，将你介绍给公司的其他部门。

特别
提示
　　在销售过程中，销售人员要谨记：不管怎样，谈判的原则是除非有所交换，不然不轻易降价。

　　如果你在多重报价中降价，反而会让客户不悦。如果轻易地降低价格，会让客户觉得你的报价有很大的水分，减少对你的信任与尊重。而如果采用交换的方式，既不会损失自己的利益，又会让客户更加相信你。

　　多重报价最大的好处，就在于将销售与客户从对立的两方转化到同一阵营中来。当你提供多重选择方案时，客户感觉到自己是在主动地做选择，而不是被动地与你展开价格拉锯战，因此谈判起来就会更顺利。

销售
技巧
　　多重报价不仅可以给客户更多的选择，也是解释商品不讲价的理由。多重报价后，销售人员可以根据客户的态度逐渐改变应对还价的策略。

三、如何给客户报价？销售高手的报价秘籍

　　当客户询问价格时，销售人员根据客户询问的内容进行报价，但有些客户会礼貌回应，并迅速承担，而有些却石沉大海，杳无音讯。价格高了，客户怕买贵了；价格低了，客户怕质量不好。那么该如何报价呢？

特别
提示
　　对于任何一个销售人员来说，报价都是销售的重中之重，它在一定程度上决定着销售工作的成败，尤其是对从事电话销售的人员来说，所以报价之前也要掌握一些技巧和方法。

（一）报价前先介绍产品优势

在正式报价之前，销售人员要争取先向客户介绍一下产品的优势，这样做有以下三点好处：

1 为正式报价"预先铺垫"，打好基础——当客户对产品优势有所了解时，就可以报出更加"适当"的价格。

2 可以让客户更好地了解公司和产品，增进认识。

3 还可以通过介绍产品拖延客户时间，引导客户说出更多"内部信息"，了解客户更多的需求，从而报出更有针对性的价格。

（二）客户直接询问价格时，给他两个报价

很多销售人员都遇到过这样的客户，他们还没有听详细的产品介绍，一上来就直接询问价格，这样使得很多销售人员感觉很头痛。而且销售人员一旦想拖延时间，他们就会直接打断，对于这种情况，销售人员该如何报价呢？

销售人员可以给对方以下两个报价：

超低价格	正常价格
相比同行的市场平均价较低，可以说："这个价格是在开展优惠促销活动，以抢夺市场为主，基本功能都有，但是没有什么定制、特殊功能，产品以通用性为主，能够满足很大一部分大众客户的需求。"	比公司规定的统一报价要低，比公司规定的最低成交价要高；比同行平均报价稍微低一点儿，但比同行的平均成交价要高一些，这是主推产品的市场价格，功能比较强大，能够满足那些需求较高的客户的要求。

这两个报价能够最大限度赢得客户的"初步认可"和"时间考虑"。

超低价格让客户知道有低价产品，他会认为产品"在市场上有相当大的竞争力"，而不是那些只针对高端群体的"奢侈品"；正常价格让客户知道有中高端产品，即各个价位的产品都有。

不论是何种类型，这种报价都能给予客户一个比较深刻的印象，这样才能吸引客户注意，从而为后期合作做好铺垫。

（三）科学推断客户心理价位后再报价

报价前了解客户相关信息非常有必要，只有科学推断客户心理价位，才能给出合理的报价。

有些客户在购买产品时，"不求最好，只求最贵"。对于这类客户，报价可以高一些。如果客户前期购买的同类产品，在行业内价格普遍偏高，那么报价也应该适当偏高，但是需要略低于客户前期购买的同类产品。

如果是在竞争激烈区域的客户，以及那些资金实力较弱的客户，包括那些没有多少资金实力的私人老板，应该采取"低价"策略，以"震撼价"来震慑住客户，诱导客户立即下单。

（四）当竞争对手与客户接近签订合同时，唯有震撼低价，才能强势介入

有些客户在选择产品时，不会只找一家厂商，而是在多个厂商中进行挑选。如果某个厂商已经与客户进行深入接触，即将签订合同，这时如果想要赢得客户，必须"虎口拔牙"，靠价格优势强势介入。

遇到这种情况，销售人员应该直接给予最低价格，甚至是亏损价格，直接拿下客户，拉开与竞争对手的价格差距，将价格优势表现得淋漓尽致，这样才能给予客户最大的震撼和触动，让客户"重归自己的怀抱"。

● 案例场景

服装销售商陈明已经跟踪某客户两个多月了，跟踪效果还算理想，他觉得合作肯定不是问题。可是，某日突闻该客户已经准备和另一厂家签约。

听闻此事，陈明直接将报价从前期的 12 万元调到了 68 000 元，接近了成本价（正常成交价是 8 万～10 万元），而竞争对手给予的报价是 11 万元。

这样陈明的报价一下子和竞争对手的价格拉开巨大的差距，由于竞争对手已经花费大量的公关费用，他们没有能力选择继续跟价，最终客户选择了陈明的产品。

● 案例分析

销售中只有 0 和 100%，很少有其他可能。如果销售人员拿下单子，那就是 100%；如果销售人员没有拿下单子，那就是 0。要想抢占市场，拿下更多的客户，就要有破釜沉舟的勇气。在必要的时候，唯有以超低价震撼客户，才能打败竞争对手。

（五）"成交前夕"的报价要降之有道

何为成交前夕？就是与客户经过充分、有效、长期的沟通和交流，基本上达成了合作的意愿，只剩下最后的成交价格确定了。

一般情况下，在成交之前还是会有所降价，那么降多少，怎样降才最合适呢？这时报价必须非常认真，降价也很有讲究。

● 销售案例与分析

孙丽给客户的前期报价是 8 000 元，其底线是 4 000 元，而客户之前购买的产品也是 4 000 元，但产品质量一般。在成交前夕，孙丽需要重新给客户报价，再三思考后孙丽向客户报价 5 800 元，为什么这样报价呢？

因为客户前期购买同类产品用了 4 000 元，那么预计现阶段心理价位不会超过 6 000 元。高于这个价格会使客户心存疑虑，说不定转而就去看其他品牌的产品了。如果直接报 6 000 元，客户会感觉到产品利润空间很大，那么他下一步就会要求我们直接再降 2 000 元，甚至降幅更大。

直接报价 5 800 元，一下子将价格调整到了对方的心理价位以内，表明我们非常有诚意，而且给予客户一个非常明确的"最终成交价"。这样客户不会再要求一次性降价几千元了。

面对孙丽提出的5 800元，客户试探地提出降低到4 000元。孙丽立即拒绝了："这个5 800元已经是我们给予的诚意价了，看在您真的想要，我们最多再降200元。"这样降价一方面满足了客户的"降价自尊心"，另一方面也向客户表明降价空间很小了。

最后，经过多轮谈判，双方以5 000元成交。对于这个价格，客户也是满意的，而孙丽也很满意，双方都收获了自己心理价位以内的"优惠价格"。

销售技巧

> 在销售工作中，报价是一个非常重要的环节，销售人员要十分注重。能吸引客户的报价，才是好报价。只有了解客户的各种状况，再有针对性地报价，才能吸引客户。

四、最具吸引力的四种销售报价技巧

销售报价是一件很微妙的事情，只有最具吸引力的销售报价技巧才能巧妙留住客户。尽管公司也根据各种情况制定了相应的定价，但为了更好地达成交易，销售人员还应该注意报价技巧的使用。

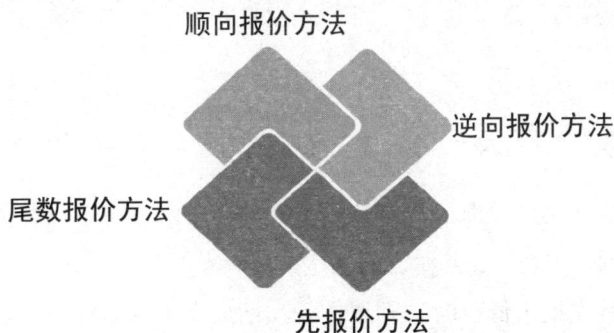

顺向报价方法

逆向报价方法

尾数报价方法

先报价方法

（一）顺向报价方法

顺向报价方法就是买方首先报出低价或卖方报出最高价格。这是一种传统的报价方法，价格中有较多的虚报成分，为买卖双方的进一步磋商留下了空间。

当销售人员报出高价后，如果客户认为价格过高时，会立即拒绝或怀疑对方的诚意，并要求销售人员降低价格。而当客户认为价格较为合理时，依然会坚持要求销售人员继续降低价格，一旦销售人员降价，客户就会产生一定的心理满足，这时只要销售人员能够把握时机，往往能够促使交易成功。

如果销售人员所报价格水分过多，超出客户可预见的最小收益，就变成了乱开价，最终可能会导致买卖双方的谈判无法继续进行。

（二）逆向报价方法

逆向报价方法就是卖方首先报出低价或买方报出高价，以达到吸引客户，诱发客户谈判兴趣的目的。然后，再从其他交易条件寻找突破口，逐步抬高或压低价格，最终在预期价位成交。这是一种反传统的报价方法。

特别提示

运用逆向报价方法，首先报价一方风险较大。如果在谈判地位不是很有利的情况下，再报出令对方出乎意料的价格后，虽然有可能将其他竞争对手排斥在外，但也会承担难以使价位回到预期水平的风险。

（三）先报价方法

先报价方法就是指争取己方首先报价，使己方掌握主动权，为双方提供了一个价格谈判范围。

如当客户首先报出低价时，则双方的预期成交价格是客户价位与卖方预期价格之间。相反，当销售人员首先报出高价时，双方预计的成交价位则应在销售人员所报价位与客户预期价格之间。

（四）尾数报价方法

尾数报价方法即利用具有某种特殊意义的尾数或人们的"心理尾数"定价，尽量避免整数报价。采用尾数报价方法一方面是针对人们对数字的心理，另一方面也是出于商业谈判技巧的需要。

● 案例场景

在很早的时候，就有了这种报价技巧，10 元变成 9.9 元，40 元变成 39 元等。这里要说的是这样一个早期的实际案列。

一家小超市中商品并不多，但是由于某些原因，店内陈列杂乱。商品的定价，店家一直都是用市场的常规价格。一次记账时，店家计算价格得到的数字是 9.9 元，他突然觉得这个价格感觉比 10 元便宜许多。

于是老板将店里原来整价的商品都便宜了 0.1～1 元。这一偶然发现让这家店获得巨大成功，从一家小店慢慢做成了一家大型超市。

● 案例分析

一般情况下，产品的价格是按实际成本加上利润计算的，较少出现整数，所以当采用整数报价方法时，往往难以使对方信服。尾数报价法不仅会让客户更加信服，而且还会相信你的诚意。

当然，销售人员也可以利用一些民族或地方的风俗习惯，在报价或还价中使用当地人们特别偏好的数字，投其所好。

销售技巧　　价格是除了质量、性能和款式之外决定买家是否购买的关键因素，所以商家要在琢磨顾客心理的基础上创造出顾客易于接受，且能激发消费欲望的报价方式。

五、让营销经理争相效仿的产品定价标准

在销售中，什么最让营销经理感到头疼？那就是定价。产品定价是为市场所左右，很难被人为控制，而且也很难给定价设目标，衡量定价工作的好坏更是没有固定标准。

特别提示

虽然定价有种种困难，但营销经理也要想尽办法制定"正确"的定价，为公司带来最大可能的收益。

当然，按照一些定价标准行事，营销经理将会制定出更合适的价格，为公司带来更多的收益，自己也能够获得对定价的控制权。营销经理要问的不是"价格应该定多少"，而是"我们是否正确考虑了决定价格的所有因素"。

● 案例场景

哈佛商学院有一门课，要大家先读十多页的成本数据，然后对三个产品定价。

学生们花了很多时间，分类计算了各种成本，设想了各种成本定价模型。第二天上课，学生们花费了90分钟的时间，演示各种定价程序并进行了严密论证。

下课前，教授却说："你们都错了，你们定价的时候不要只看成本，价格来自市场的承受力。然后，你要测算在这个价格水平下要耗费多少成本才能创造与提供这份价值。只有在价格与成本之间存在很大差额，即存在利润的情况下，你才能决定生产与提供这份价值。否则，你可能只是赔本赚吆喝，一败涂地。"

所有成功的定价都有以下两个特性：

1 定价方针与公司的整体营销战略相辅相成

2 定价过程具有协调性和整体性

一般情况下，定价方针直接出自整体营销战略，它和营销组合的其他要素应当保持一致并产生协同作用。此外，明智的定价决策要求多方人员的共同参与，

但如果缺乏适当的机制将各方统一成一个整体，定价工作的总体表现可能就不会令人满意。

为了确保定价的正确性，营销经理应该遵循以下八大具体步骤：

（一）估计顾客对产品或服务价值的看法

传统的定价法是先从公司内部着眼，确定产品的成本之后，再加上期望的利润，几项相加就是定价了。但是正确的定价应该是价值定价法则，先从市场着眼，估计顾客对产品或服务价值的看法，然后再进行定价。

● 销售案例与分析

善胃得是一种治疗胃溃疡药物，葛兰素史克公司在推出的时候，事先就估计到相对于史克必成的泰胃美相比，善胃得的药品剂量更小、不良反应更小，与其他药物可以同时服用，不会产生泰胃美那样的排斥反应，在顾客心目中的感知价值明显高于泰胃美。

因此，他们制定的善胃得价格高于泰胃美 50%，仅用四年时间就成为市场的领导者。

（二）发现不同顾客在产品价值看法上的差异

不同的顾客对产品使用强度、使用方法或性能上有不同的看法，所以不同顾客群对同一件产品的价值有不同的评价，因而他们能够接受的价格也不相同。

以手机为例，如果只有通话与收发短信功能，那么顾客只能接受几百元的价格；如果加上摄影、上网、游戏、发邮件等功能，上千元的价格顾客也能接受；如果加上即时行情、移动平台、导航掌上电脑的功能，数千元的价格顾客都能接受。

因此，公司最好对市场进行细分并据此设定不同的价格，争取最大的利润。

（三）估计顾客的价格敏感性

价格弹性在不同类别的产品，甚至是同类产品的不同品牌之间都有很大的区别，所以应该具体情况具体分析。定价经理可以先从三个方面来仔细观察影响价格敏感性的主要因素，这三个方面分别是顾客经济学，顾客对产品的搜寻与使用及竞争形势。

● 技巧训练

1 顾客对替代品了解越少，顾客对价格越不敏感；顾客越是难以比较替代品的质量，顾客对价格越不敏感。

2 开支占收入比重越小，顾客对价格越不敏感；开支占产品的全部成本比重越小，顾客对价格越不敏感。

3 顾客认为某种产品质量更优、声望更高或更高档的产品，顾客对价格越不敏感。

4 产品越独特，顾客对价格越不敏感；商品越是无法储存，顾客对价格越不敏感。

5 如果产品与以前购买的产品能结合在一起使用，顾客对价格越不敏感。

（四）确认最佳定价结构

大多数公司投入定价过程的资源往往存在分配不当的问题：确立定价结构所投入的时间、财力以及精力都太少，而在已有结构内不同层面上的具体定价方面却投入过多。

建立定价结构的过程中需要考虑以下两个重要问题：

01 ┄┄ 是否进行捆绑式定价

是否提供数量折扣 ┄┄ **02**

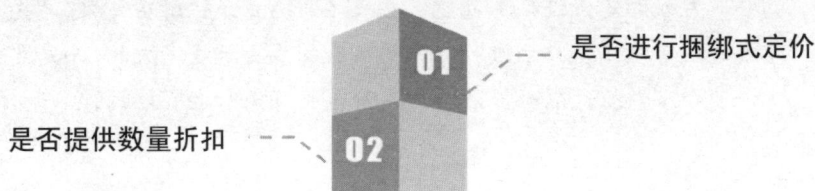

（五）考虑竞争对手的反应

营销经理定价既要接近顾客的心理价位，又要和竞争者的价位博弈。如果竞争对手有机会做出竞争性反应，那么看似高明的定价行为也会变得愚笨之极。例如，设计不当的定价行为就很容易导致价格战。

因此，定价决策的思路应当宽广，要考虑到第二层，甚至是第三层的效果。

（六）监控交易中的实际价格

营销经理不能只注重定价操作，也要监控交易中的实际价格。

由于公司可能提供给顾客多种折扣和退款，最后实际交易价格已经不同于产品标价。可是大多数公司仍将 90% 的定价精力都耗费在确定产品标价上，而随意对待实际价格，导致了公司利润的大量损失。

（七）估计顾客的情绪反应

营销经理分析顾客对产品价格有何反应时，既要考虑短期的经济成效，也要考虑顾客情绪反应的长期影响。每一笔交易都会影响顾客对公司的看法及他们在别人面前对公司的评论。

（八）分析公司在各类顾客上的收入与成本之比

不同的客户接收的价位不一样，为公司带来的收益也会有所不同。因此，营销经理定价时要考虑公司在各类顾客上的收入与成本比。

公司必须特别注意高成本的客户，要尽量保证高成本能带来高利润。

销售
技巧

> 有效的定价过程不可能在一夜之间确立或付诸实施。它不是在战略或者组织安排上进行一两项彻底的改变就能完成的，而是要把许多小事做好，以确保最终的定价是正确而行之有效的。

六、怎样跟客户谈价钱，才能让客户接受"高价格"

高价产品能够为公司带来更多的收益，也是公司重要的盈利来源。但是有些高价产品并不容易被客户所接受，这是许多销售人员非常关心和头疼的问题。

特别
提示

> 需要明白：价格没有高低之分，只需让购买者觉得物有所值。销售人员可以从这个角度着手，用以说服客户。

要想打消客户的疑虑，让其认为购买高价产品有所值，需要掌握以下技巧和方法。

（一）当客户以竞品价格打压我方产品时

● 销售案例与分析

销售人员："张总，我们的产品报价是××元。"

张总："你们的产品太贵了，人家同样的产品比你的便宜多了！"

有时候客户认为价格高只是一种感觉判断，他们并没有选择正确的参照物，因为"价格高"总是相对的。

1. 先听顾客讲，是在跟哪家产品进行比较

当客户以竞品价格打压我方产品时，不要盲目地反驳，首先要知道客户是拿哪家产品与之进行比较，这样之后才能采取相应的策略。

如果客户拿我们大企业产品与小企业的产品相比，应向客户说明两者的价格是不能相提并论的，因为品牌的知名度和市场定位都不一样。

如果客户拿我们企业的产品与主要竞争对手的产品相比，首先应将客户所说的产品的价格和售卖情况调查清楚，然后对号入座，分析竞品相当于我方产品的哪个品类。最后向客户说明拿低档竞品的价格与我方高档产品的价格对比，对我方是不公平的。

2. 用数字和证书对自己产品和竞品进行优劣比较

为了更好地说服客户，销售人员可将己方产品与竞品优劣势进行详细比较，用数据、证书等直观的方式，从企业的状况和产品的定位、包装、质量等方面向客户说明。

● **技巧训练**

1 质量方面：向客户说明本企业的生产和质量管理情况，必要时可向客户出具质量保证体系的证明文件。

2 请第三方进行盲测：拉入第三方进行证实，在第三方不知所测产品为哪方的情况下，让其自然地说出己方产品与竞品相比有何优点。

3. 告诉顾客高价背后有着更完善的服务

如果己方的产品价格确实要高于其他竞争对手，一定要告诉客户价格高的原因，让客户了解背后有着优于其他竞争对手的完善的服务体系，这样才能给客户更多的保障。

需要注意的是：在客户面前不要蓄意攻击竞品，这很容易引起客户的反感。在指出竞品的不足时，一定要有真凭实据。在评价竞品的时候，要先说优点后说缺点；评价自己的产品时，要先说缺点后说优点。

（二）当客户声明进不起货时

● **销售案例与分析**

销售人员："王老板，我们的产品报价是××元。"

王老板："我们小店穷，进不起高价货啊！"

如果客户声明进不起货，一方面客户可能真穷，需要公司给予一定的谅解和支持；另一方面也有可能哭穷，希望压低价格，甚至希望赊销。因此，首先要分清客户说此话的真正目的，然后采取相应策略。

1. 应对真穷的客户给予资金援助和政策援助

客户是真穷，可以采用两种策略：如果客户经营思路清晰、有远见而且对产品有浓厚的兴趣时，可以适当向客户承诺一些能够兑现的资金援助和政策扶持；如果对客户的发展不抱信心时，干脆放弃此客户。

2. 应对哭穷的客户，旁敲侧击估出其资金实力

如果客户是哭穷，应该先目测加旁敲侧击，估算出其资金实力和利润。然后为客户介绍与其实力相当的经销商经销本产品的丰收盛况，或者说购买本产品的好处，最后一定要强调机会难得。

（三）当客户以二批不会配合为由拒绝时

● 销售案例与分析

销售人员："李经理，我们的产品报价是××元。"

李经理："价格太高了，向二批铺货时，他们不会接受的。"

客户以二批不配合为理由，主要还是向销售方施压，希望能够获得更多的支持和优惠。很多情况下，销售方通过和竞品比较的技巧说服了客户认同产品的价格，但是竞品在市场上已有一定的基础和销量，客户认为向下游客户推广产品难度太大，担心无法把市场做起来。解决这一问题，要想办法加强客户的铺货信心。

1. 承诺按照正常价格进行二次批货

告知客户一分价钱一分货，既然竞品可以以同样的价格向二批铺货，那么我们同样可以按照正常的价格铺货，这也是确保客户在将来赚钱的必要手段。如果产品铺货价格过低，等市场打开后价格又涨不上去，那时客户的利润就无法得到保证。

2. 企业会给予客户相关的支持，不会不管不问

就企业运作市场的政策和策略，与客户深度沟通，向客户说明企业不会把产

品推给客户后就不闻不问了，企业会为了打开市场进而占领市场，给客户一系列的支持，包括人力支持、促销支持、广告支持和市场运作思路支持等。

3. 告知客户会推出促销策略，帮助客户向二批铺货

告知客户企业会推出一定的促销和宣传政策，如年底返利、红包促销等，帮助客户向二批铺货。

（四）当客户认为经销高价产品无利可图时

● 销售案例与分析

销售人员："赵老板，我们的产品报价是××元。"

赵老板："产品价格这么高，我需要投入这么多资金，什么时候可以收回成本，什么时候可以赚到钱啊？"

客户最看重的还是自己的利益。由于前期销量小、投入大，客户出现无利的情况很正常。对于这种情况，一定要给客户描述美好的合作情景，坚定客户的信心。

1. 告知客户想获得利润可以提升销量消化费用，获得规模利润

打消客户的顾虑，向客户说明企业在定价时已经考虑到客户的利润。客户若想赚钱：一要通过产品差价；二要靠提升销量来消化费用，获得规模利润。

2. 与客户沟通企业的实力，打消客户疑虑

与客户沟通企业的运营情况、经营理念、规模、实力、背景、得到的各种奖励等信息，帮其树立信心。让客户相信自己前期的投入将在以后得到源源不断的利润回报。

3. 告知客户企业可以带给他们的好处

为客户设置一些其他好处：比如，企业会给客户一定的年终奖励、对市场运作好的客户给出国旅游的指标、企业会定期组织客户进行培训等。

（五）当客户以消费者做挡箭牌时

● 销售案例与分析

销售人员："徐老板，我们的产品报价是××元。"

徐老板："你们产品太贵了，消费者买不起啊！"

客户的利润来源就是消费者，所以他们还会从消费者的角度来考虑价格。如果消费者不买账，商品再好也是无济于事，所以要用具体的宣传计划和详细的消费者调查资料说服客户。

1. 向客户证明本产品的畅销情况

如果客户对消费者是否买账存有疑虑，可以用事实证明。推销人员可以为客户展示本产品在其他地区或其他经销商那里的畅销情况，让客户心里有底。

2. 告知客户企业具体的年度、月度产品宣传计划

让客户了解本企业具体的年度、月度产品宣传计划。如果宣传已经开始，可以询问客户是否看到；如果宣传在准备当中，要提醒客户届时关注；如果产品借势明星或强有力的媒体，一定要再三强调，以加强客户的信心。

3. 告知客户消费者的实际消费体会

企业也可以针对消费者做一些回访或问卷调查，了解消费者的实际使用情况，以及使用体会。将这些数据和调查展示给客户，对说服客户也有很大帮助。

销售技巧

　　高价格的产品是企业盈利的主力军，所以在推销时一定要格外认真。只有掌握了销售技巧，能够从客户、二批、销售者等不同的角度进行说服，才能打消客户的所有疑虑，使其打心里认可高价产品。

第7章

非语言销售细节——
身体姿势中泄露出的"天机"

销售
细节

销售重在"读心"，只有读懂客户的真正需求和心理，才能用对销售策略。而身体远比语言更加真实，解开身体语言密码，就能提高你辨识客户的能力。

一、销售人员要学以致用的六种肢体语言

销售人员每天都要和形形色色的客户打交道，但是人与人之间总是存在着一定的心理隔阂，这与口是心非并无关系，这是人类的天性。因此，优秀的销售人员要学会用肢体语言，自觉地把肢体语言运用到销售工作中去，拉近与客户的关系。

肢体语言是指经由身体的各种动作以代替语言来表达情意。广义的肢体语言包括面部表情和身体、四肢所表达的异议。说到肢体语言，我们就会很自然地想到很多惯用动作：鼓掌表示赞同，顿足代表生气，摊手表示无奈，搓手表示焦虑，捶胸代表痛苦，垂头代表沮丧等。

特别提示

> 使用肢体语言表达你的意思有时是一种涵养的表现，反之会被认为粗俗，没有礼貌缺乏修养，会在销售中遇到不该有的麻烦。因此，肢体语言在销售工作中还是很重要的，应该学习和掌握。

我们用这些肢体活动来表达情绪，别人也可以通过这些肢体语言来体察我们的心境。在销售过程中，销售人员运用的肢体语言主要有以下几种：

（一）握手

握手是常用于与客户首次见面和道别时的礼貌动作，也是重要的肢体语言。但是对于不同的对象，握手的方式也是不同的。

对同性的长辈，要先用右手握住对方的右手，再用左手握住对方的右手手背。实际上就是双手相握，以表示对长辈的尊重和热情。对待同性的同龄人和晚辈，只需伸出右手，和对方紧紧一握即可。

对待异性，特别是男性和女性握手，只应伸出右手，握住对方的四个指头即

可，有时女性对男性的反感就来源于握手，有的用力全握，有的抓住不放，都是不礼貌的，都会给对方留下不好的第一印象。

（二）手势

手势语也是身体语言的一大类。顾名思义，手势语主要是指包括人的手指、手掌、手臂及双手发出的各种动作。在与客户沟通的过程中，手势语非常吸引双方的注意力。

据调查显示，在与客户谈话时，外表之类的视觉印象占了 55%，说话的语气快慢等听觉的印象占了 38%，而说话的内容只占了 7%。因此，在用语言说明的时候，最好能在外观刺激视觉上下功夫。手势就是利用视觉刺激的一个很好的办法。

销售人员与客户谈话时会用到不同的手势，但是有些手势是有助于我们表达的，有的则会令人讨厌。比如，在生意谈判时最好不要出现用十指点指对方的手势，这样会让对方非常反感，也不要讲话时乱挥舞拳头，这些手势都是不礼貌的。

销售人员在与客户沟通时也要注重自己的每一个手势，千万不要因为一个不经意的手部动作而引起客户的不满。

（三）立姿

销售人员正确的站立姿势是，像军人稍息的动作，一脚稍微在前，一脚靠后为重点，这样显得比较稳重，尽量不要摇头晃脑。

● 案例场景

张磊几乎已经成功地说服客户购买其商品了，但是当他们站到办公室前谈具体事宜时，他的站姿却坏了事：他歪歪斜斜地站在那里，一只脚还不停地点地，好像打拍子一样。

这位客户觉得销售人员张磊这是在表示不耐烦和催促，于是他就用"下一次再说吧"把张磊打发走了。

销售人员张磊的不雅站姿，使得本该成功的交易气氛一下子凝固了下来，这就是举止无礼的后果。

● 案例分析

良好的站姿能衬托出高雅的风度和庄重的气质，基本要点是挺直、稳重和灵活。

销售工作中，很多时候都需要站着和客户谈业务，可许多销售人员站着时不断地摇晃肩膀，不断地倒换双脚，这些动作会让客户感到你不耐烦，想尽快结束谈话，也是一种不礼貌的动作。

（四）坐姿

在拜访和接待客户时，坐姿是销售人员最常用的肢体语言，由于习惯或者太过随意，有的男性销售人员坐在沙发上，要么就是两腿伸得长长的，要么就跷二郎腿晃来晃去，不仅不礼貌，还很不稳重，会引起客户的反感，让客户很难信任你。

有些女性销售人员，也采取男性的坐姿，有的穿着裙子还开着双腿，这些也会让客户不舒服，影响形象，如果对方也是位女性，十有八九，交易谈不成。因为女性更讨厌女性的不端庄。

● 技巧训练

1 销售人员到客户家拜访时，不要太过随便，在客户尚未坐定之前，不要先自行坐下。

2 入座要轻柔和缓，至少要坐满椅子的 2/3。落座后坐姿要端正，轻靠椅背，身体微向前倾，千万不可跷二郎腿，也不可猛坐猛起。

3 坐下后，不要频繁转换姿势，也不要东张西望，上身要自然挺立，不东倒西歪。一坐下来就像摊泥一样地靠在椅背上，会令人反感。

4 保持坐姿与客户交谈时勿以双臂交叉放于胸前且身体后仰，这样可能给人一种漫不经心的感觉。

（五）鞠躬

有些销售人员到客户公司去拜访客户，看见办公室有几个人，理都不理就径直坐下，这是很不礼貌的。一般在面对几个人时，学会鞠躬是不错的销售肢体语言。

向大家鞠躬，说声"大家好"，可能就是由于你的礼貌，其他人也会帮助你拿下定单。

（六）点头

在许多场合点头微笑，也是销售的最好肢体语言。比如，在会场、饭厅、办公室正在谈话，你都可以用点头的肢体语言表示自己的问候。

以上介绍了六种常见的肢体语言，实际上只要我们和人交往，每时每刻都会用到肢体语言，只有不断地提高自己的修养，注意生活中的细节，才能让自己变得优雅起来。

销售技巧

> 个人素质和修养是销售环节中一个非常重要的环节，销售人员千万不能忽略。我们可以对照上面的细节仔细思考一下，对于自己的不足之处，发现并记录下来，在销售工作中不断改进。素质进步一小步，销售就会迈进一大步。

二、从喝酒把握顾客的心理活动

销售人员在与客户打交道时，酒往往是一个不可或缺的角色，可以毫不夸张地说，有些时候销售人员和客户之间的买卖是喝酒喝出来的。

其实，顾客所喝酒的种类与他的性格往往有着某种联系。注意顾客对酒的选择及他们举杯的姿势和喝酒的风格，销售人员能够看出顾客的性格，从而在相处时有所留意，对顾客做出积极的引导。

特别提示

在销售中，酒有着难以估量的作用，它不但能营造一个良好的气氛，加深彼此之间的感情，最为重要的是它可以帮助销售人员成功地抓住客户的性格，从而有利于销售的成功。

因此，要想成为一名优秀的销售人员，应该认真研究一下酒和顾客性格之间的关系。

● 案例场景

于强是某知名汽车公司的销售人员。有一次，他约客户在酒店谈生意，问顾客想喝点什么时，客户说："我只喜欢喝红酒，其他的酒我一概不喝。"于强想起好朋友曾告诉他喜欢喝红酒的人都是性格慷慨、追求高雅，并且实力非常雄厚的人。

于是，他向客户推荐了一辆质量最好的汽车，他竭尽所能地向客户介绍汽车的设计之独特，性能之优越，品位之高雅，最后他说只是价钱有点贵，但它绝对物有所值，开这样的车，正好和客户的身份相匹配。

令于强惊喜的是，客户开心地说："价钱我不在乎，只要车子好。"在客户看了汽车后，很快达成了交易。

● 案例分析

案例中，于强就是通过客户喜好红酒初步了解了客户的性格，找准了销售的突破口，从而确立了正确的销售策略，掌握销售的主动权，使销售朝自己希望的方向发展，向客户推销了质量最好的汽车，从而推进了销售的成功。

那么，酒和客户的性格究竟到底有什么联系呢？

（一）选择白酒的顾客

选择白酒的顾客，根据酒的度数不同也有两种不同的性格。

选择高度白酒的顾客，个性好强，无论什么事情都希望自己能够做主。他们容易向别人袒露自己的心声，对小事漠不关心。他们喜欢反抗权威，热衷于冒险和挑战。

选择低度白酒的顾客，思想较为保守，人际关系融洽。他们拥有积极乐观的生活态度，可是有时"心太软"，即使伤害自己的人向自己求助，也会不计前嫌，倾力相助。他们善于营造谈话的气氛，到哪里都受人欢迎。可是他们常常过于关心别人，有时容易被别人利用。

● **技巧训练**

1 对于喜欢喝高度白酒的顾客，销售人员要多征求他们的意见，让他们感到受尊重，这样容易获得他们的好感。

2 对于喜欢喝低度白酒的顾客，销售人员要尽量示弱，这样容易引起顾客的同情心，有利于销售成功。

（二）选择啤酒的顾客

不同客户对酒的喜好也是不同的，这不仅仅是一种个人的偏好，而且也显示了一个人的性格。

选择啤酒的顾客，性格比较温和，喜欢帮助别人，逢迎别人，但是他们遇事常常没有自己的主见，不知道该怎么办。对于这类型的顾客，销售人员主动帮他们拿主意才有助于销售成功。

（三）选择香槟的顾客

选择香槟的顾客，有一种天生的高贵和优雅，他们喜欢的其实并不是香槟，而是香槟所显示的身份，他们讲究身份、注重地位，这类顾客一般有很强的经济实力。

对于喜欢喝香槟的顾客，销售人员一定要显示出自己高雅的品位和良好的修养，凡事有自己独特的见解和想法，这样容易获得顾客的好感。在向顾客推荐商品时，要推荐质量和品质都是一流的商品，这些顾客往往对金钱不是特别在乎。

> **销售技巧**
>
> 销售人员要能够通过客户选酒看出他的性格和品位，及时抓住这些信息，从而对其进行有针对性的销售，这样就会大大增加销售成功的概率。

三、从吸烟洞悉顾客的性格特征

吸烟表面上来看就是一件非常简单的事情，可是它的背后却隐藏着很多东西。我们可以从吸烟看出一个人的内心需求，从客户吸烟的动作和拿烟的习惯来解读他的心理和性格。

> **特别提示**
>
> 细心的销售人员能够从吸烟中看出顾客内心的秘密，判断出他的性格特点，然后对症下药，找出相应的营销策略，最终取得销售的成功。

● 案例场景

沈佳明是一名保险推销员，一直以来他的推销成绩都不是很好，毫无出众之处，但是后来不知为何，他的销售成绩突然大幅增长，让所有人都感到不可思议。

面对同事的询问，他笑着说："我业绩之所以增长是因为我从吸烟来判断客户的性格，然后根据其性格来选择相应的销售策略，比如'O'，型吸烟法的人往往说得比唱得好听，可是你不能光听他说，更要找出他说话背后的内容，否则你就很容易跳进他为你设置的陷阱；而握拳式吸烟法的人则比较自卑，你必须要小心对待他们，以免一不小心伤害到他们的自尊，一般说来这些方法都是很管用的。"

同事们一听，都惊奇地说道："想不到从吸烟中能看出这么多东西。"

顾客的吸烟姿势各不相同，不同的吸烟姿势也反映出不同的心理。

A 仰头向上吐烟的顾客很有自信，给人以居高临下的感觉；向下吐烟则情绪消极，心里有很多疑虑。销售人员不卑不亢才能获得他们的好感。

B 顾客向下吐烟圈说明他正在思考事情，对这样的顾客一定要有耐心，等待顾客做出决定。

C 顾客吸烟的速度和他情绪的积极性呈相关，如果速度很慢则说明事情很棘手，他正在考虑怎样应对你。

D 顾客不断地磕烟灰，说明他非常不安和矛盾。销售人员要设身处地地为他着想，找出他内心不安和矛盾的根源，然后替他解决。

E 如果顾客点燃了一支烟，可是没吸几口，就把它掐灭了，这说明他想赶快结束谈话，或者说他心中已经有了主意。

那么，不同的吸烟姿势究竟表达了顾客怎样的性格呢？

（一）O 形拿烟法

顾客用大拇指和食指的指尖拿烟，两根手指形成一个小圆圈，其他手指则非常优雅地伸展开来，这就是 O 形拿烟法。这类型的顾客往往说得比唱得好听，可是他心里正在为你设置一个陷阱，等着你往下跳。

面对这样的顾客，销售人员要多长个心眼，不但要听他说的话，还要分析他讲话的内容，不然就会被他捉弄。

（二）标枪式拿烟法

标枪式拿烟法就是把烟夹在拇指和食指的尖端，其他手指则缩向掌心，看起来好像是抽烟的人在投标枪。这些顾客往往脾气暴躁，给人一种很凶狠的感觉。对于这类顾客，销售人员要善智善勇，积极地和顾客周旋，否则很容易被迫接受对方的霸王条款。

（三）握拳式拿烟法

习惯握拳式拿烟的顾客，大多有过贫穷和饥饿的经历，所以他们形成了节约的习惯。他们内心深处有深深的自卑感，尽管他们也许已经取得了很大的成就。对于这类的顾客，销售人员一定要小心谨慎，每说一句话、每做一个动作都要考虑他们的感受，以免触到他们的伤疤和痛处，让到手的生意不了了之。

销售技巧

> 销售人员要善于观察与发现，一个看似平常的吸烟动作或拿烟姿势，其实都有着深刻的含义，透露了顾客的性格和心理。如果你能观察到这些情况，会为你的销售工作提供很大的便利。

四、把握顾客身体语言的成交信号

成交才是销售的最终目的，没有成交，再好的销售过程也只能是一场空。有时客户在沟通过程中会决定购买，且有口头协议，但如果销售人员没有把握好成交时机，犹豫不定，销售也可能功亏一篑。

因此，达成销售协议后，销售人员千万不要有大功告成的心态，一定不要大意，而应该对成交结果进行确认，只有在双方确认的情况下才意味着交易的真正成功。

特别提示

> 销售一定要准确地判断出客户的成交信号。啰唆且话又说不到点子上，是销售洽谈中的大忌。当客户有购买意向就应当立即索要订单，一旦客户的热情冷却，成交就变得困难了。

那么何为成交信号呢？就是客户通过语言、行动、表情泄露出来的购买意图。有些客户不会直接说出其购买欲望，而是通过不自觉地表露态度和潜在想法，情不自禁地发出一定的成交信号。

通常情况下，以下几点往往可以表现为客户的成交信号：

表情成交信号 >> 语言成交信号 >> 行为成交信号

（一）表情成交信号

表情成交信号是从顾客的面部表情和体态中所表现出来的一种成交信号，如在洽谈中面带微笑、下意识的点头表示同意你的意见、对产品的不足表现出包容和理解的神情、对推销的商品表示兴趣和关注等。

● 技巧训练

1 客户开始认真地观察产品，在听你介绍产品时若有所思地把玩产品，表示此时他内心正在盘算怎样和你成交。

2 客户的表情从戒备和抵触变为放松，眼睛转动由慢变快，眼睛发光，腮部放松，表示顾客已经接受产品。

3 客户脸部表情从无所谓、不关注变得严肃或者沉思、沉默，说明他可能由于下不了决心而变得沉思和严肃。

4 当顾客身体靠在椅子上，眼睛左右环顾后突然直视着你的时候，说明他在下决心。

（二）语言成交信号

语言信号是指客户通过询问价格、使用方法、保养方法、使用注意事项、售后服务、交货期、交货手续、支付方式、新旧产品比较、竞争对手的产品及交货条件、市场评价、说出"喜欢"和"的确能解决我这个困扰"等表露出来的成交信号。

客户的语言成交信号主要有以下几种：

询问产品的价格	当客户询问价格时，其实已经发出了成交信号。一般情况下，如果客户不想购买，是不会浪费时间询问价格的。
询问产品的细节	如果客户花费大量时间询问该产品的细节，事实上，他已经发送出购买的信号，这时销售人员一定要特别加以注意。
询问相关的细节	当客户询问有关产品方面的一些问题并积极讨论的时候，说明他很可能已经有了购买的意向。
询问售后服务	当客户询问售后服务细节的时候，也是发出购买信号。客户只有真心要买产品时，才会关心产品的售后服务。

（三）行为成交信号

由于人们的行为习惯经常会有意无意的从动作行为上透漏出一些对成交比较有价值的信息，当有成交信号发生时，销售人员要立即抓住良机，勇敢、果断地去试探、引导客户签单。

比如，客户的坐姿发生改变，原来是坐在椅子上身体后仰看着你，现在直起身来，甚至身体前倾，说明原来对你的抗拒和戒备，变成了接受和迎合；动作变化，原来静止的听业务员介绍变成动态，或者由动态变为静态，说明他的心境已经发生改变了；客户不再提问，而是认真地思索；反复阅读文件和说明书，从单一角度观察商品到从多角度观察商品；查看和询问有关成交条件的合同文本或看订单。

● 销售案例与分析

　　一位女士在皮革商城挑选貂皮大衣，尽管是大热天，但她仍穿着皮草在试衣镜前足足折腾了一刻钟，她走来走去的样子好像是在做时装表演。而当她脱下大衣时，两手忍不住又去抚摸皮毛，并且面带微笑。

　　从这些表现我们就可以看出，这位女士的行为属于强烈的成交信号。

　　作为一名销售人员一定要牢记，客户提出的问题越多，成交的希望也就越大。销售人员在捕捉和识别客户的购买信号后，接下来就需要及时地把握订单成交的时机。

销售技巧

　　销售时提出成交是一个很敏感的话题，如果提出过早，客户没有购买欲望，很容易形成压力，导致他脱离你的推销。而提出过晚，可能错过了他购买欲望最旺盛的一刻，从而导致销售的失败。

第8章

销售心理细节——
心理较量也是细节较量

销售细节

销售不仅是一场心理较量，更是细节上的较量。销售人员只有了解客户的各种心理后，才能在细节上有针对性地采用应对措施，促进最后的成交。

一、销售谈判中常用的试探技巧

谈生意如同下棋，棋局一开你就要占据有利位置。在销售谈判中，对方的底价、时限、权限及最基本的交易条件等都是机密，谁先掌握了对方的底牌，谁就会赢得谈判的主动权。因此，谈判初期双方都会围绕这些内容施展各自的试探技巧。

特别提示

> 做生意的目的是要达成生意人与客户的双赢，然而客户想要以最低价成交，销售人员却想要最高价。为了销售的双赢，摸清对方的底牌最为重要。

销售谈判中常用的试探技巧有以下几个：

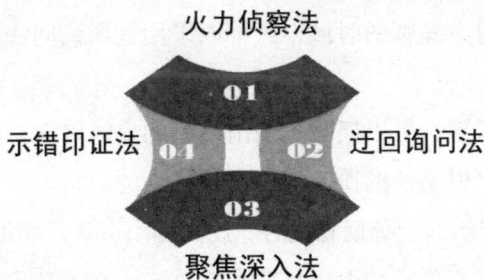

火力侦察法
01
示错印证法 **04** **02** 迂回询问法
03
聚焦深入法

（一）火力侦察法

销售人员要想摸清顾客的底牌，一定要火力全开，找准方向一探虚实。这时可以先主动抛出一些带有挑衅性的话题，刺激对方表态，再根据对方的反应，判断其虚实。

● 销售案例与分析

章先生为买方，田静为销售人员。谈判一开始，章先生就提出了几种不同的交易商品，并询问这些商品各自的价格。田静一时也弄不清对方的真实意图，章先生既像是打听行情，又像是在谈交易条件；既像是一个大买主，但又不能确定。

面对章先生的期待，田静心里很矛盾。如果据实回答，万一章先生是来摸底的自己就被动了；如果自己敷衍应付，很可能会错过一笔好买卖，说不定以后还可能长期合作呢。

情急之下，田静决定先探一探对方的虚实。于是，她问道："我的产品绝对货真价实，就怕你一味贪图便宜。"大家都知道"一分钱一分货"，田静的回答暗含着挑衅。

此外，这个回答的妙处还在于，只要章先生一接话，田静很容易就能知道他的实力。如果章先生在乎产品的质量，就不怕价高，回答时口气也就大；如果章先生在乎货源的紧俏，急于成交，口吻也就较为迫切。这样田静就很容易确定自己的方案和策略了。

（二）迂回询问法

销售人员在探听对方底牌的时候，还可以采用迂回询问法使客户松懈，然后趁其不备进行试探。

为了探得对方的时限，可以极力表现出自己的热情好客，除了将对方的生活做周到的安排外，还可以盛情的邀请客户参观本地的山水风光，领略风土人情、民俗文化。然后在客户感到十分惬意之时，让人提出帮其订购返程机票或车船票。这时客户往往会随口就将自己的返程日期告诉对方，在不知不觉中落入了自己的"计谋"中。至于对方的时限，他却一无所知，这样在正式的谈判中销售人员就抢占先机了。

● 技巧训练

1 销售人员在使用迂回询问法时，一定要找准时机，不可在对方还没放下戒备的时候就贸然询问。

2 销售谈判的最终目的是双赢,自己既可以获利,客户也会得到好处,所以在探听对方底牌时要保持良好的心态。

(三)聚焦深入法

销售人员可以先就某方面的问题做扫描式提问,在探知对方的隐情所在之后再进行深入,从而把握问题的症结所在。

● 案例场景

一笔交易买卖双方谈得都比较满意,但杨经理还是迟迟不肯签约,销售人员黄伟感到非常不解,于是他决定采用聚焦深入法找到症结所在。

黄伟先证实了杨经理的购买意图,在此基础上黄伟分别就杨经理对自己的信誉及产品质量、包装装潢、交货期、适销期等逐项进行探问,杨经理的回答表明上述方面都不存在问题。

最后黄伟又问到货款的支付方面,杨经理表示目前的贷款利率较高。找到症结所在后,黄伟随即又进行深入,他从当前市场的销势分析,指出杨经理照目前的进价成本在市场上销售,即使扣除贷款利率也还有较大的利润。

这一分析得到了杨经理的肯定,但杨经理又担心销售期太长利息负担可能过重,这将会影响最终的利润。针对杨经理的这点隐忧,黄伟又从风险的大小方面进行分析,指出即使那样风险依然很小,最终促成了签约。

● 案例分析

案例中的销售人员因为客户迟迟不签约,所以想方设法找出问题的所在,在对许多方面进行询问后终于找出症结所在。探知客户的隐情后,销售人员再加以说服,从而顺利签订协议。

（四）示错印证法

为了促成交易，探测方可以有意通过犯一些错误，比如，念错字、用错词语，或把价格报错等种种示错的方法，诱导对方表态，然后探测方再借题发挥，最后达到交易目的。

● 案例场景

服装商店里，当一位顾客驻足不前并对某件服装多看了几眼时，早已将这些看在眼里的销售人员王云上前搭话："看得出来你很喜欢这件衣服，是不是？"

看到顾客并没有反对，王云继续说："这衣服标价 190 元，看你也是真的喜欢，160 元要不要？"看对方还是没有表态，王云又说："好吧，我也想开个张，批发价给你，150 元怎么样？"

顾客听后有些犹豫，王云见状说："好啦，你不要对别人说，我就以 160 元卖给你。"早已留心的顾客迫不及待地说："你刚才不是说卖 150 元吗？怎么又涨了？"此时，王云煞有介事地说："是吗？我刚才说了这个价吗？啊，这个价我可没得赚啦！"

王云稍做停顿后，说："好吧，就算是我错了，那我要讲信用，除了你以外不会再有这个价了，你也不要告诉别人，150 元你拿去好了！"

● 案例分析

当客户没有任何表示的时候，销售人员假装口误将价涨了上去，诱使顾客做出反应，巧妙地探测并验证了顾客的购买需求，获得引蛇出洞的效果。在此之后销售人员再将涨上来的价让出去，交易就很容易达成。

销售技巧

有些销售人员为了省事，在没有探听出对方的底牌之前，就急于把自己的底牌亮出来了。不管你报的是否是最低价，说得是不是大实话，客户还会想要在此基础上就行讨价还价，这样销售人员就处于被动地位了。

二、销售成败的关键在于打好心理战

寒暑假促销、节日促销、反季促销，市场上促销的频度和热度不断冲高。但是如果不能抓住消费者的兴趣点，促销也只会事倍功半；如果目标群体把握失误甚至会使商家反受促销之害。因此，商家在进行促销活动的时候，一定要打好心理战。

心理学家指出，把握消费者的心理变化是促销活动的关键。成功的促销活动是沿着激发消费者的三个心理过程——引起注意、产生兴趣、把握动机而循序渐进展开的。

特别提示

只有找准促销的对象群体，把握他们的消费动机，才能让促销的投入得到合理的回报，反之则有可能得不偿失。

（一）巧用手段提高关注度

心理学认为，注意是消费者的心理活动对一定事物的指向和集中。消费者注意力集中的时间、程度与刺激的强度有关，与众不同的事物更能吸引消费者的注意力；刺激强度越大越能引起消费者的关注。

因此，促销活动要尽可能设计出与众不同的促销形式，最大限度地吸引消费者的注意。

● 案例场景

鼓楼商城策划部正在为促销活动的策划绞尽脑汁。张经理眉头紧锁着说："现在，周边几个大型商家的促销力度越来越大，但方式如出一辙，无非是大特价、大赠送等，海报、传单满天飞。如果我们也采取这类促销手段，一定会吃力不讨好。"

如何才能不被淹没在促销的海洋中呢？策划人员都在冥思苦想。"促销方法是死的，但宣传手段是活的，我们为什么不在宣传方式上做文章呢？"策划人员李婷突然有了想法，"我们可以借企业老板捐款的表现手法，把展示板做成支票或钞票的样子，让宣传队伍举着这些牌子宣传我们的特价'送钱'活动。"

策划主管王磊一下子蹦了起来，"把特价促销的含义用钞票或支票图像直观表达出来，把特大的展板装饰成巨幅'钞票'，一定能形成一道独特、新奇的风景，引起路人的关注！"大家都为这个想法兴奋不已。

当进行促销宣传时，果然如他们所料，高举巨幅"钞票"的队伍引起了很大的轰动。而且人们在关注巨幅"钞票"时，也看到了商场的促销信息，商场的人流量因而急剧上升，销售额也不断冲高，整个促销活动产生的效果非常好。

● 案例分析

美国杰克逊州立大学刘安彦教授曾说过："探索与好奇，似乎是一般人的天性，神秘奥妙的事物，往往是大家最关心的对象。"

好奇是人类行为的基本动机之一，那些消费者不熟悉、不了解或与众不同的东西，往往会引起人们的注意，刺激人们的猎奇心理。上述案例中的策划人员正是利用消费者的好奇心策划出成功的促销活动。

（二）精心诱导调动兴趣

虽然千奇百怪的宣传手段能够让消费者进入店铺或展区，但并不能保证消费者一定对产品产生兴趣。那么，如何调动消费者的兴趣呢？

心理学认为，人们在观察事物时会把其中的核心部分当作注意的对象，其他的作为次要因素被忽视，这是因为人的知觉具有选择性。一般情况下，那些色彩鲜明、形状独特、轮廓清晰、具有整体性并容易理解的事物更容易吸引观察者。

在推销过程中，同样需要注意左右消费者的兴趣，激发消费者购买的强烈欲望。

在促销时要研究产品定位的消费群，按照他们的心理特点选择促销手段，并根据商品的特征进行展示与陈列，充分利用 POP、广告和装饰等因素，让推销的商品从宣传背景中跳出来，成为目标消费者注意的中心。

● **技巧训练**

1 要调动消费者的兴趣，一定不要唱独角戏，那样不仅枯燥乏味，更会令信息交流不畅。

2 促销员除了传递产品和促销信息外，更重要的是诱导消费者提出疑问。一旦开启了互动式的问答，就说明消费者的兴趣被调动起来了。

（三）调准促销焦距

直到现在，"薄利多销"、"人气至上"这种理念仍然是很多商家奉为圭臬的促销信条。但是只有找准促销的对象群体，把握其消费动机，才能让促销投入得到合理的回报。

找到促销性价比最大的群体，摸准这一群体的购物动机，用"火力"更加集中的促销方式动员他们，销售才会突出重围。

销售技巧

要想让促销的投入得到合理的回报，一定要找准促销的对象群体，准确把握他们的消费动机，否则有可能得不偿失。

三、别总跟顾客说"欢迎光临"和硬塞传单

其实商品的"寿命"都是被销售人员所左右的，因此销售工作需要担负起很大的责任，这样心里自然也会有一定的压力。但是，怎样才能让商品畅销？对于销售人员来说是一个永恒的话题。

实际上，顾客从对商品产生兴趣到决定购买的心理过程可以分为以下五个阶段。

第一阶段	第二阶段	第三阶段	第四阶段	第五阶段
"咦，这是什么？"	"哦，然后呢？"	"啊，原来如此！"	"嗯，买还是不买呢？"	"好！我买了！"

（一）不要说"欢迎光临"

销售的第一个阶段就是指顾客被吸引，心想："咦，这是什么？"这是顾客感到好奇，然后朝着商品走过来的过程，所花的时间在 3 秒左右。

> **特别提示**
>
> 当你进入商场后，看到很多人扎堆，你也会好奇那里在做什么吧？很多人看到排起的长队，都会好奇大家在排队做什么。如果只是站在店门前，不停地说"欢迎光临"，是不可能让客人觉得好奇的。

很多销售人员在工作时会认为，如果不做点什么会让别人觉得自己游手好闲。于是，销售人员开始在"欢迎光临"上下功夫，为的就是告诉经营者："我在认真工作。"

但这样的销售人员根本没有找对工作的对象，只是不断地说"欢迎光临"，并不能向顾客传达任何信息，有时候还会让顾客觉得很心烦。无论过程显得多努力，销售额上不去，经营者也不会赞赏你。因此，销售人员完全没有必要不停地说"欢迎光临"。

那么，如何与顾客打招呼才合适呢？

● 技巧训练

1 实际上很简单，只要跟每一个顾客都认真问好即可。上午就说"上午好"，过了上午就说"你好"。当然，在问候后面加上"欢迎光临"。

2　打招呼时身体朝向也有讲究。想清楚希望哪个方向的顾客注意到你，然后再把身体朝向那一方，将自己的问候准确地传达出去。

（二）递出购物筐

过去许多销售指南的经验是"不要同正在看商品的顾客打招呼"。而许多销售人员也确实是这样做的，从来不跟顾客打招呼。但在经济不太景气的今天，如此办事肯定会被上司批评："为什么不跟顾客打招呼啊，不跟顾客说话怎么可能把东西卖出去？"

一时间，很多销售人员都不知道该如何跟顾客打招呼了，于是就笨拙的问顾客："您需要什么，我帮您找吧？"这样，很容易被顾客无视，或者得到一句硬邦邦的"不必了"。更有甚者，有的顾客还会说："真烦人，没看我正在挑东西吗？不用你管！"被顾客这么恶狠狠地回答，销售人员会觉得自己的人格被全盘否定，很受伤。严重的还会患上 PTSD（创伤后应激障碍）等心理疾病，从此害怕跟顾客打招呼。

为了避免打招呼时被顾客无视，销售人员可以采取向顾客递购物筐的方法。实践证明很有效果。具体来说，如果看到顾客拿起商品观察，就顺势递一个购物筐过去，说一句："您好，您用这个吧。"递购物筐很简单，无须过多的语言，也不会被顾客无视，一定能够得到 Yes 或 No 的回应。

递购物筐还有一个好处，那就是周围看着你递筐的顾客会觉得你容易交流。你递购物筐的时候，会给周围的顾客留下你很有灵性的好感。这样一来，顾客有什么问题就会来问你，你主动跟顾客打招呼的时候，也更容易得到对方的回应。

（三）发传单的技巧

发传单也是与顾客打招呼的技巧，其中长 7cm 宽 5cm 大小，可以拽在手心的传单最好，被顾客收起来的概率更高。这样的传单只有普通传单的一半大，所以很多人会担心太小了，写不了什么东西。当然，这可以是折叠后的大小，展开后就是这个大小的 2 倍或 4 倍，可以写很多商品的相关信息。

发传单并不只是简单的散出去，因为不管是什么，如果被很随意的散播出去，再好的东西也会立刻掉价。那么，怎样做才合适呢？答案就是将传单一张一张、恭敬地递出去。

需要注意的是，不要很唐突的将传单硬塞给顾客。当发现有貌似在选商品的顾客时，可以一边从顾客面前经过，一边问候："您好，欢迎光临！"无须多说，直接走到库房里，十秒以后再出来走到顾客面前，递出传单并说一句："您好，请参考"即可。

销售技巧

从顾客面前经过，只需问候一下，顾客就会对你留下一定的印象，觉得你不会强行卖东西给他。一段时间后再出来，顾客就不会有很强的戒备心。打招呼也愿意给予回应，递传单也比较愿意接。

四、如何消除顾客害怕上当受骗的心理

一朝被蛇咬十年怕井绳，有些顾客购买商品时曾经上过当，所以每当面对销售人员要求签单时就会显得犹豫不决。其实，每个顾客在下定决心做出重大决定前，都会认真考虑一番，害怕自己上当受骗。

顾客存在的疑虑主要有：产品的质量真的可以吗？价格会不会比别家高了？效果会不会没有宣传的好？如果买了以后不满意怎么办？

特别提示

销售人员如果不能消除顾客害怕上当受骗的心理，销售工作将无法继续进行，这会为销售带来很大阻碍。只有巧妙地化解顾客的顾虑，让顾客对产品和服务放心，他才会购买。

（一）外在形象上给予顾客安全感

在面对销售人员时，顾客第一眼看到的就是销售人员的外在形象。因此，销售人员在与顾客见面时要注重个人的衣着打扮，树立良好的外在形象，比如，发型、胡子、衣着、皮鞋等要保持干净清爽，给客户留下良好的印象。

销售人员要明白，个人的外在形象是赢得客户信任感的最直接有效的手段，它能够带给我们意想不到的效果。

（二）凭借专业能力让顾客放心

只有我们自身的专业能力增强，才能让顾客更有安全感。专业是质量的保证，对产品了解得越深入，对行业理解得越透彻，我们的信誉度和能力也就越高，顾客才能对我们的产品和服务更放心。

如果销售人员对自己的产品都不了解，也不能很好地解决客户的问题，想让客户对你满意谈何容易，所以要做到让顾客放心，就必须保证客户认同你的能力。

（三）坦诚告知客户产品可能存在的风险

所有的产品不可能都是十全十美，没有一点儿缺陷的。有些销售人员担心介绍得太过详细会打消顾客的购买热情，所以对产品的不足总是遮遮掩掩，希望顾客不要发现这些问题。

但是这种做法是非常不明智的，除非你是想签一单就不再合作。对于产品存在的风险，一定要向顾客说明，切实保证顾客的安全，让顾客明白你不只是想要他的钱，也在为他着想。

坦诚告知顾客关于产品的一切，不仅是优点，还包括可能出现的问题，并提醒顾客注意，这才是真正高明的销售技巧。

● 技巧训练

1 告知顾客产品的风险，顾客会对你产生信任感，觉得你没有隐瞒产品的缺点，是个诚实的人，这样他就会愿意与你进一步交流。

2 顾客觉得你很了解他，把他想问而未问的话回答了，他的疑虑就会减少。

3 销售人员主动说出商品的缺点，可以避免和顾客发生争论，而且能使你和顾客的关系由消极的防御式变成积极的进攻式，从而促成交易。

（四）给予客户经济安全感

为了消除顾客害怕上当受骗的心理，销售人员应该给予客户一定的经济安全感，学会帮助客户做规划，避免客户对可能造成的损失而担忧，使客户和公司实现双赢。

● 案例场景

在影楼工作的王莎说："很多顾客来了走，走了又来，然后甩下一句话'你要是给我降价我就在你这儿拍！'我们这个行业怎么会这样？如果顾客去饭店，他绝对不会说'你给我降多少钱我就在你这里吃，否则我就去另一家了'，如果真有人这么说，别人肯定会笑话他的。但在影楼不讨价的人反而让人感到不可思议……"

● 案例分析

在本案例中，顾客之所以会还价是因为怕被骗，在人们的印象中影楼是暴利行业，所以就算你报出底价，顾客也会认为其中还有很大的水分，不还价就吃亏。因此，销售人员一定要给予客户经济安全感。

（五）给客户吃定心丸

给客户吃一颗定心丸，这会让我们与客户轻松签单，而定心丸是指销售人员强有力的保证。销售人员可以为客户提供一份可靠的承诺书或者保证书，从而转移客户的风险，使他们不必担心产品出现问题没办法解决。

销售技巧

> 客户心存疑虑是一个共性问题，对于客户害怕上当受骗的心理，销售人员要给予理解，努力打破这种被动局面，一味向客户强调产品多好并没有什么用，一定要拿出切实的质量证明，让客户放心。

五、销售心理学上 10 种不同类型的客户

世界上没有完全相同的两片叶子，同样也没有完全相同的客户。销售心理学认为，客户在购买活动中不仅有认识过程、情感过程，还有意志过程。不同个性的客户表现也有所不同，销售人员只有掌握客户的类型并采取适当的对策，才能选择正确的销售技巧进行推销。

根据销售心理学可以将客户分为以下 10 大类型：

（一）好好先生型

客户特点：

好好先生型客户往往意志不坚定，有选择困难症。他们无主见，思想很容易被别人所左右。无论销售人员说什么，他都点头同意。虽然他很容易被销售人员说服，但也容易被朋友或旁人所左右，而且他在下决心的时候往往犹豫不决。

应对方法：

销售人员要让这类客户处在点头的环境中，而不要让他来面对否定的问题或话语。在最后决策的时候，千万不要让他面对很多选择，这对他来说很难。也不要七嘴八舌，一定要简单，最好是唯一或二选一。

（二）我最聪明型

客户特点：

这类客户喜欢自作聪明，总是自以为是，喜欢对销售人员喋喋不休而不是让销售人员喋喋不休。

应对方法：

对待这类客户最聪明的做法是倾听，并用请教的语气与他打交道，让他保持好感的办法是表示尊敬。可以向他简单介绍后，让他自己看并适时进行简短讲解。当他发表高论时，即使不同意也可以用含糊语言赞美他，然后再予以纠正。总之，销售人员的引导应该不露声色，让客户觉得这是自己的英明决策。

（三）内向腼腆型

客户特点：

内向的人不愿意让陌生人探求自己的隐私，这类客户很怕与陌生人打交道，对销售人员亦是如此，他会左顾右盼而不与你进行眼神的交流，说话的时候甚至脸红。

应对方法：

对待内向腼腆型客户最大技巧是耐心与赞扬，因为他害怕与陌生人交往，如果你稍微有不耐烦，他就会匆匆结束谈话而退缩回去。在推荐产品的时候，不要说"你、你"感觉如何，你可以讲另一个人说"他"怎么样。

内向的人并不是不喜欢朋友，只是需要你主动，如果你先透露一些自己的隐私，他会很敏感地察觉到你和他交往的意图，这样他不仅会很感激你，而且也会逐渐向你打开心扉。主动一些，销售会更容易。

● 案例场景

一天，一位女士到店里看电脑，店里的两名销售人员赶紧上前主动向她打招呼，并再三询问她需要什么样的机型。在这两名热情洋溢的销售人员的轮番轰炸下，这位女士明显有些窘迫，甚至涨红了脸，最后简单地说自己只是随便看看，就准备离开了。

店长何倩通过在远处的观察看出该顾客是一个比较内向腼腆的顾客，而且据她判断，顾客的心中肯定已经确定了某款电脑，只是因为价格等因素，或者是因为刚才店里销售人员的轮番轰炸，让她有些不知所措。

这时，何倩上前很友好地把这位顾客请到柜台前，对她说："您是不是看上了某款电脑，觉得价格不合适？如果您确实喜欢，价格方面还可以给您适当的优惠，先到这边坐坐吧，这边比较安静！"这位顾客很顺从地坐了下来。

聊了一会儿后，这位顾客明显对何倩产生了信任感，于是她便向何倩透露了自己的真实想法。何倩按照顾客的想法推荐了一款适合的机型，并且在价格上也比较实惠，最终生意成交了。

● 案例分析

对于内向腼腆的顾客，如果表现得太过热情，一直拉着顾客介绍产品，会让顾客产生逃跑的冲动。案例中的店长正是摸清了客户的性格，耐心而又不失礼貌地向顾客询问，才使得顾客产生好感，并接受她的推荐。

（四）冷漠不在乎型

客户特点：

这类客户总是一副冷漠不在乎的神态，让人难以接近，也难以知道他内心的想法。与此同时，他的内心却很强大，你很难对他产生实质性的影响，特别是对待他自己的利益，他一切都已经安排好了。

应对方法：

对于冷漠不在乎型的客户，销售人员在推销时不能让他感到有压力，否则他会立马离开，你只能按照他的脚步去走。对于产品介绍，这类客户很注重细节，销售人员要对产品的一些细微的地方加以详细介绍。

另外，销售人员也要注重两面性信息的介绍，适当对产品缺点方面加以阐述，会增加他的信任感。适当对他加以夸赞，他会感到高兴的，尽管他不会表露出来。这些都做好了，让他做出成交的决断就容易得多。

（五）不差钱型

客户特点：

不差钱型的客户喜欢夸耀财富，实际上他们也不一定有钱，但就喜欢夸口，怎么办呢？

应对方法：

应对这类客户，要将计就计，顺势夸赞他，把他推向购买的高峰上。但是光这样是不行的，因为他还是买不起，他会找借口推延或拒绝成交。正确的做法是在他说非贵不买的时候，销售人员给他一个台阶下，把他能买得起的那个推荐给他。

销售人员可以对他说："先生，您这样的成功人士肯定不差钱，但越是成功人士越讲究返璞归真，这一款不仅品质高而且风格雅致，更适合您这样的资深成功人士。"此话一出，客户肯定会很痛快地将产品收入囊中。

（六）理智型

客户特点：

这类客户喜欢思索，对什么都抱着怀疑的态度，他们大都知识渊博，逻辑思维能力强。与他们打交道，你会发现眉飞色舞地讲了半天，他们仍然无动于衷。

应对方法：

要想搞定这类客户，一定要让他们信任你。产品介绍要客观而专业，千万不要夸大其词，因为他一听就知道了。与冷漠不在乎型客户一样，销售人员要讲两面信息，任何产品都有优点和缺点，适当地讲的产品瑕不掩瑜的缺点，会让善于做批判性思辨的他感受到你的真诚。

（七）意见领袖型

客户特点：

此类客户从见面就是局面的掌控者，他会对你讲出很多关于产品的知识，有些是关于行业的内幕，甚至连你都不知道。这类客户本身就是对你的产品很热衷，平时就对产品有很多的研究的发烧友。他之所以来就是因为他早就看好了你的产品。虽然这样的客户是销售人员求之不得的，但也要小心，因为他了解所以会比较挑剔。

应对方法：

面对意见领袖型客户，销售人员在介绍产品时，最好有一些秘籍之类的东西，让他开眼。另外，售后服务是他注重的。这种客户成交的意义绝不是卖给他产品，由于他对于产品了解甚多，他在朋友圈里很有影响力，因此一定要想办法和他结为朋友，他会为你带来一大堆客户的。

（八）好胜型

客户特点：

这类客户其实并没有多少诚意，他们对产品需求并不是很强烈，反倒是把洽谈看成一场战斗，在这场战斗中能够战胜你，才是他的心愿。这样的客户会百般挑剔，甚至提出很多不合理的要求。

应对方法：

对于这样的客户，你只有冷静并礼貌地对待他，也许更精彩的产品介绍会让他把兴趣放在产品上。一些销售高手是有办法说服他的，但对于新手则很难说服。你可以借这个机会去修炼一下自己的涵养，而不要一味地想去成交。换一个角度，看看人生百态，不也是一种乐趣吗？如果不能成交，或者不值得为他花费那么多时间也就算了，毕竟这个世界上还有很多客户。

（九）好奇型

客户特点：

这类客户好奇心很强，兴趣强烈，是典型的异议分子。不用等你介绍，他就会主动询问。遇着他们你会以为他是个很热心的客户，他对产品兴趣很强烈，一定能成交，但你会慢慢发现并不是这种情况，他不仅了解产品和很热心，而且更能提出很多异议，有些异议甚至是匪夷所思的。

应对方法：

如果你不能解决产品异议，这类客户是不会成交的。而且你在处理异议的时候要小心，由于客户的好奇心很强，很容易从一个异议触发更多的异议，而让你应接不暇。对异议的解释一定要适可而止，另外销售人员一定要遏制客户的好奇心，转移他的注意力。

（十）疑神疑鬼型

客户特点：

疑神疑鬼型客户是非常难缠的，不管销售人员讲什么他都会有所怀疑，从产品的质量到产品的价格，甚至是相关赠品，他都会有所怀疑。

应对方法：

对于多疑的客户，最适合的方法就是保持距离，采用激将法销售。当你很热情的时候，他马上会觉得你在有所企图。销售人员可以对他很客气，关键的时候将产品的独特优势证实给他，然后表现出谦恭但是爱买不买的态度，这样反而会让他更相信你的产品，会更容易购买。

销售技巧

在了解不同客户的心理后，销售人员要做到因人制宜，灵活应变。要从客户的心理特征出发，直中客户的软肋，迅速激发他的购买欲望，取得销售成功。

六、如何消除客户的逆反心理

逆反心理是每个人都会有的一种潜意识的自我保护，客户亦是如此。相信许多销售人员都经历过类似的情况，客户会特意提出一些抗拒，你怎么说他偏要反着来，甚至在还没有了解情况就否决你的话语。

特别提示

逆反心理是普遍的出于本能的机械反应，客户有逆反心理并不代表行为恶劣，他们的出发点有时也是好的，所以销售人员一定不要轻言放弃或口出恶言。

客户的逆反心理并非是真的反对，所以不能当成反对异议来处理。实际上许多销售人员面对客户的逆反心理会立即转入异议处理模式，他们认为解决了异议就能消除客户的逆反心理。但这并不会有什么效果，销售人员不能压制客户表现自我价值的需要。那么，怎样才能消除客户的逆反心理呢？

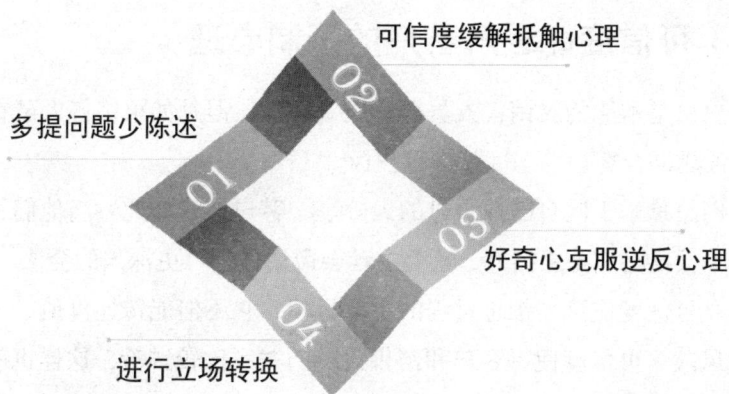

可信度缓解抵触心理

多提问题少陈述

好奇心克服逆反心理

进行立场转换

（一）多提问题少陈述

应对客户的逆反心理还是要从预防开始，这样才能提前明确和预防客户产生逆反心理的细节，减少负面影响的形成。

在与客户沟通的过程中，过多的陈述很容易引起客户的逆反心理，这是因为大多数的陈述都有明确的观点立场，这很容易让客户提出反对意见。

当销售人员对客户说："下周的销售介绍需要您的老板参加。"这样的陈述可能会让客户产生了逆反心理，最后只得到："没有必要的回答。"

● 案例场景

张凡："王先生，今天沟通的流程是这样的，我先为您介绍一下产品的各种功能，接下来讨论后期的维护问题。"

王先生："现在讨论维护问题还为时过早呢。"

● 案例分析

王先生对张凡的提议并没有进行深入思考，便立即将自己头脑中的第一反应说了出来，直接反驳张凡的意见。产品的维护问题肯定是要在会议上进行阐述的，这也是合理的程序。客户之所以会提出反对意见，只是想获取对会议进程的控制权。

（二）可信度能缓解客户的抵制心理

客户总是本能的对销售人员存有戒备心理，但是如果销售人员在客户心目中的可信度越高，客户的态度就会越积极。

人们总是乐于同自己信得过的人分享，客户亦是如此。当他们相信了你的为人，便不会再将你拒之门外，还会主动会邀请你进行更深入的会谈。

建立可信度应该是销售过程的主要目标，它不但能传递价值，还能降低销售失败的风险。可信度使得客户和销售人员的关系比较融洽，这样也就减少了客户逆反心理的发生概率，打开有效沟通的大门。

● 技巧训练

1 不要与客户针锋相对，对于客户在逆反心理驱使下说出来的话，可以一笑置之，千万不要进行反击。

2 人们更乐于同自己信赖的人分享。因此，销售人员在客户心中的可信度越高，客户就越容易购买。

3 学会换位思考，多为客户着想，如此一来，客户自然也会以友好的态度对待我们。

（三）好奇心能克服逆反心理

好奇心是抵制客户逆反心理的有效策略之一，激起客户的好奇心能够让双方沟通更加顺畅，有好奇心的客户会愿意更多地了解你的产品和服务，而不会故意唱反调。

实践证明，当客户产生好奇心的时候，交流的气氛会变得活跃起来，好奇心使得人们更加投入，注意力更集中，甚至身体也会向你靠拢过来。客户为了满足自己的好奇心会提出问题，也就是向销售人员寻求答案。当然，客户不会一方面向你寻求帮助，另一方面又把你推开。

（四）进行立场转换

消除客户逆反心理的另一个方法就是进行立场转换，这样你才能得到你想要的答案。

比如，你可以这样问客户，"我来得不巧吧？""打扰您了吧？""下个星期做销售演示是否太快了？"这类问题似乎都是负面的，所以对方的逆反心理往往使他的回答正中我们的下怀，这一技巧就是立场转换。

销售技巧

人们总是对得不到的东西，越想得到。当客户的心理需求得不到满足时，反而会更加刺激他强烈的需要。销售人员可以利用客户这种"对着干"的逆反心理，刺激客户的购买欲望，让客户主动达成交易。

第9章

成交技巧细节——
促成销售的临门一脚

销售细节

　　不论有多么努力，销售不成交就是"0"。因此，销售人员一定要把握好"临门一脚"的机会，在最后关头积极引导客户，促成交易。

一、销售人员完美成交的十个步骤

作为一名优秀的销售人员，不仅是产品信息的传播者、客户的顾问，更多的是产品与消费者之间的桥梁。因此，销售人员要了解销售的十大步骤，将每个步骤都做足准备，以便完美成交。

> **特别提示**
>
> 工欲善其事，必先利其器。如果没有计划，盲目的拜访客户、向客户介绍产品是很难取得成功的。销售人员只有对产品、自己和客户有了充分的了解，才有可能取得成功。

（一）做好准备

欲振翅高飞，必先环顾四周；欲迈出步伐，必先确定方向。销售是行动导向的科学，没有行动就没有业绩，而要使销售行动富有效率，就必须制订完善的销售计划，做好销售准备。

销售没有准备就是在准备失败，销售人员主要应该做好以下两个方面的准备。

1. 谈话结果的准备

销售人员为什么要做好谈话结果的准备？是因为你并不知道第一次要谈些什么，所以要对整个谈话的结果去做好准备。

1. 自己要的结果是什么，准备成交的金额是多少
2. 对方要的结果是什么，客户的需求是什么
3. 给客户留下讨价还价的余地，确定好自己的底线

4	销售人员要知道客户可能会有什么抗拒
5	如何接触客户的抗拒
6	销售人员要问自己该如何成交

2．精神准备

除了谈话结果的准备，销售人员还要做好精神上的准备。销售人员只有100%对产品有信心，才能在精神上先赢过对方。

销售人员要告诉自己：我是开发新顾客的专家，是产品介绍的高手，可以解除顾客任何的抗拒点，每一个顾客都很乐意购买我的产品，我会提供给顾客最好的服务，我可以在任何时候销售任何产品给任何人。

此外，销售人员还要对产品和客户做准备，充分了解产品的专业知识，了解客户的真正需求。

（二）调整情绪到达巅峰状态

做销售被拒绝是经常的事，但过多的拒绝或反对也容易让人心情低落。一旦被坏情绪所左右，那么销售人员在拜访下一位客户的时候，不容易让客户感到兴奋与热诚，客户反倒会给他更多的拒绝，而更多的拒绝会导致更低潮，更低潮又会招致更多人的拒绝，这就是恶性循环。

因此，销售人员要擅长面对任何的拒绝和反对意见，客户不买也不要失望，要将情绪调整到巅峰状态。

（三）建立信赖感

同样的产品，同样的价位，同样的服务，客户会买谁的产品呢？当然是向喜欢、信赖的销售人员购买。

一流的销售人员花80%的时间去建立信赖感，最后只需要20%的时间就能成交；三流的销售人员花20%的时间去建立信赖感，最后用80%的力气去成交，但也很难成交。

当然，要赢得客户的信赖，销售人员也要讲究技巧。

● 技巧训练

1 要做一个善于倾听的人，能够认真倾听客户所说的话，并适时给予回答，让客户感觉到你是用心的。

2 赞美一个人的行为，他就会重复不断的加强那个行为。销售人员要学会赞美客户，这样能拉进你们之间的距离。

3 模仿客户。人喜欢什么样的人？像自己的人。当你像客户的时候，他感觉你们是同一类的人，这样他就会喜欢你进而会信赖你。

4 使用顾客见证。使用顾客见证是最重要的，是用第三者来替你发言，而不是你本人来发言。

（四）找出顾客的问题、需求与渴望

销售人员要找出客户存在的问题，然后将问题扩大，这样就越能激发他的需求。只有准确地找到顾客的需求，销售人员才能找准问题的切入点，更好地打动顾客的内心，促成交易。

关于这一点有以下几个原则：

第一原则

问题是需求的前身，找到顾客的问题才能刺激他的需求。

第二原则

顾客是因为问题才做决定的，而不是基于需求。

第三原则

人不解决小问题，人只解决大问题。

（五）塑造产品的价值

顾客之所以觉得产品贵，是因为销售人员没有把产品的价值塑造出来。当顾客内心有购买的欲望时，需要销售人员介绍产品，而这也是塑造产品价值的一个过程。

如果让顾客觉得产品的价值大于价格，顾客就会迫不及待购买。

（六）分析竞争对手

知己知彼才能百战不殆，销售人员也要清楚竞争对手的基本情况，在销售的过程中可以与竞争对手进行对比，将自家产品与竞争对手产品的优劣摆在顾客面前，以此说服顾客。

与竞争对手比较，有以下六个步骤：

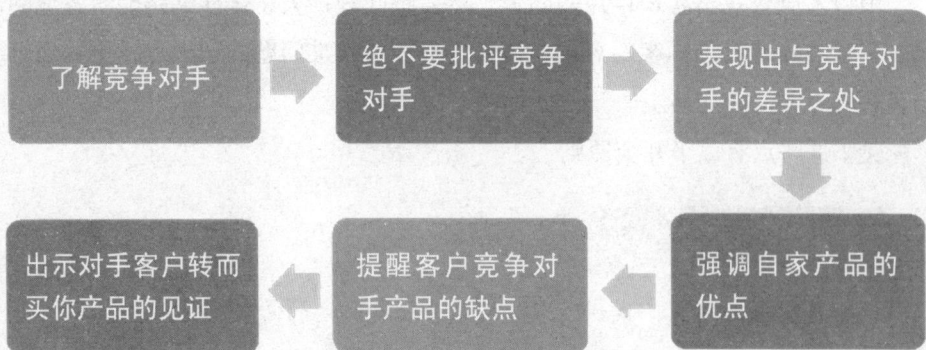

了解竞争对手 → 绝不要批评竞争对手 → 表现出与竞争对手的差异之处 ↓

出示对手客户转而买你产品的见证 ← 提醒客户竞争对手产品的缺点 ← 强调自家产品的优点

（七）解除顾客抗拒点

顾客总会因为某些原因而不愿购买你的产品，比如，质量不好，公司服务不好等，种种问题都是客户的抗拒点。

要想达成交易，销售人员必须解除顾客的抗拒点。销售人员应该预先就知道顾客会有哪些抗拒点，把它们全部列出来，其实大部分顾客的抗拒点加起来不超过六个。可以在与顾客的交谈中，再一一化解。

（八）成交

销售人员千万不要认为：客户口头决定购买，交易就算成功了。在销售过程中，产品说明、展示以及解决异议都只是辅助工具，目的是用来和客户达成协议的。所谓的成交，就是要成交收到钱，或是要顾客签单。可以说，成交是推销的压轴好戏。

成交的方式有两种：一是签订供销合同，二是现款现货交易。

（九）售后服务

一笔生意的成交并不是结束，还有售后服务。销售人员要在成交后进行追踪调查，如果产品和服务出现问题，要及时帮助顾客解决。

下面介绍售后服务的五大步骤：

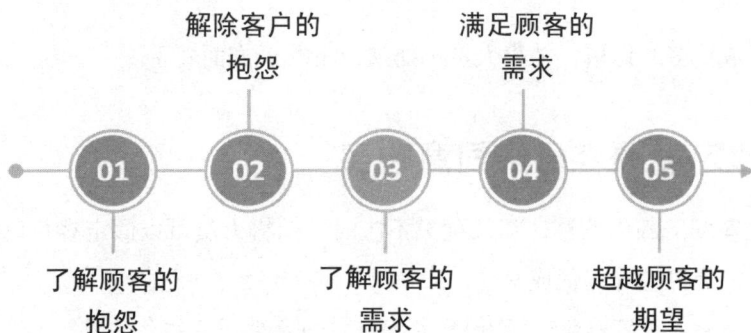

解除客户的   满足顾客的
抱怨   需求

01   **02**   **03**   **04**   **05**

了解顾客的   了解顾客的   超越顾客的
抱怨   需求   期望

（十）要求顾客转介绍

顾客购买了产品之后，最好能从他身上延伸出一个顾客，这样生意才能源源不断。要求顾客转介绍有两个时机：一是客户买后很满意，立刻请他帮忙介绍客户；二是客户不买的时候，可以请他帮忙介绍其他客户。

销售技巧

机会是属于那些有准备的人，一个人准备得越充分，机会也就越多。销售人员只有了解了十大步骤才能有备无患，顺利达成交易。

二、销售人员百试百灵的促单成交技巧

经常有销售人员抱怨没有客户上门，没有成交量。对于销售人员来说，订单来了一定要牢牢把握住，没有订单的日子太过难熬。如果订单来了，因为没有把握住而错失机会，是非常令人心痛的一件事。

特别提示

如果总是没有客户和成交量，销售人员不要一味地抱怨和失落。销售人员应该从自身找问题，看看自己的工作是否做到位了，采用的策略是否正确。

为了促成更多的订单，销售人员不妨从以下几个方面着手。

（一）假定准顾客已经同意购买

如果顾客发出购买信号，却又犹豫不决时，销售人员可以假定客户已经同意购买，为客户提供选择以促成交易。

比如，销售人员可以说："请问您是要这件白色的还是红色的呢？"这种问话是要顾客从中选择，其实这也是帮顾客拿主意，促使顾客下定购买决心。

（二）帮助准顾客挑选

有些顾客即使有购买意愿，也不会直接下单，而是先挑拣一番，在产品颜色、规格、式样、交货日期上不停地打转。

对于这种状况，销售人员要改变策略，暂时不谈订单的问题，转而热情地帮对方挑选颜色、规格、式样、交货日期等。一旦这些问题得到解决，订单也就落实了。

（三）利用顾客"怕买不到"的心理

越是不好得到的东西越想得到，销售人员可以利用客户"怕买不到"的心理来促成订单。比如，销售人员可以说："今天是优惠价的截止日，请把握良机，明天你就买不到这种折扣价了。"许多顾客经常被这样的销售技巧拿下，怕买不到而乖乖掏钱。

● 案例场景

崔玉经营一家羽绒服专卖店，夏季时经常会进行反季促销。一位女顾客进来看羽绒服，崔玉一眼认出她已经来过了一次，上次已经把款式、尺寸都选好了，最后却说"再考虑考虑"。

崔玉上前热情招待，只字未提上次的事，女顾客又说要试穿那款羽绒服，穿上之后对着镜子看了又看，问："还能便宜点儿吗？"经过半天的讨价还价，崔玉也没有让步。于是，顾客觉得反正也不着急买，就想离开。

崔玉看透了她的心理，上前说："这款羽绒服虽是去年的旧款，但今年的新款与这件样式差不多，所以这款既不过时也比新款便宜了一半以上。而且这款卖得特别快，就剩最后两件了，另一件不符合您的尺寸，您试穿的这个尺寸就剩最后一件了，您要是再考虑怕是就没有了。"

听崔玉这样一说，这位顾客想了想还是决定先买下了。

● 技巧训练

1 限数量，销售人员可以说类似于"购买数量有限，欲购从速"的话，让客户产生怕买不到的心理。

2 限时间，主要是在指定时间内享有优惠，让客户明白错过之后就没有优惠了。

3 限服务，主要是在指定的数量内会享有更好的服务，购买得晚则没有这一待遇。

4 限价格，针对于要涨价的商品促成交易，让客户觉得现在买可以花较少的钱买一样的东西。

5 仔细考虑消费对象、消费心理，设置最为有效的成交法。这种方法不能随便滥用、无中生有，否则最终会失去客户。

（四）先买一点试用看看

如果产品是日常消费比较多且价格普遍的产品，顾客想要购买却又对产品缺乏信心时，销售人员不妨建议对方先买一点试用。虽然刚开始订单数量有限，但如果对方试用满意的话，订单也会随之增长。

这种试用看看的技巧也可以帮助顾客下定购买决心。

（五）欲擒故纵

"欲擒故纵"之法可以促成交易，是因为它抓住了客户想要购买却又左右迟疑、疑虑重重的心理。现实中，很多销售人员为了快速把产品销售出去，急于把生意做成功，但由于缺乏智谋，缺乏策略，最终"欲速则不达"，无功而返。

欲擒故纵，"擒"是目的，"纵"是手段。怎样运用这"纵"的手段呢？诀窍就是：当与顾客交谈时，表现出一种漫不经心的态度。如果销售人员在推销时并不认真推销，顾客就会认为销售人员推销的商品市场前景看好，因此会调动起他的购买欲。

● 销售案例与分析

上海有一家西点店，出售的全是手工制作的各种西点。由于味道特别好，所以吸引了大量的顾客。但是这家店有一个规矩：每天推出的特色西点是限量购买的。

对此老板的解释是："店里人手不够，做多了保证不了质量，请您见谅。"

老板真的是为了限量保质吗？显然不是，他用的就是欲擒故纵之法。很多人都有这样的心理，越是得不到的东西越是想要，煞费心机也要得到。这就是老板虚张声势的手段。

● 技巧训练

1 销售人员在使用欲擒故纵法时要格外注意语气，不要不可一世，否则会激怒客户导致生意失败。

2 就算是为了营造出心理上的强势也需要谨记，什么时候都不能伤害到客户的自尊。

3 欲擒故纵要不动声色，即使是计谋也不要让客户有所察觉，如此才会更有把握达成交易。

（六）反问式的回答

所谓反问式的回答，就是当准顾客问到某种产品，不巧没有时就得运用反问来促成订单。

● **案例场景**

顾客："这款冰箱有银白色的吗？"

销售人员："抱歉，我们没有生产银白色的。不过我们有白色、粉色、黑色和红色，这几种颜色里，您比较喜欢哪一种呢？"

● **案例分析**

当顾客问的颜色正好没有时，销售人员并没有一味地向客户解释，而是通过反问将客户的关注点吸引到其他地方，这样顾客会从销售人员提供的几种颜色中进行选择。

（七）快刀斩乱麻

如果上述的几种方法都没能打动顾客，销售人员就要使出杀手锏了，快刀斩乱麻，直接要求顾客签单。比如，销售人员可以直截了当的对客户说："如果您想赚钱的话，就快下单吧！"

（八）拜师学艺，态度谦虚

● **销售案例与分析**

客户："过几天再说吧。"

销售人员："张总，虽然我知道这个产品绝对适合您，可我的能力太差了，无法说服您。不过，告辞之前请您指出我的不足，让我有一个改进的机会好吗？"

如果费尽口舌也无法打动客户时，销售人员不妨试试这个办法。

这种谦卑的话语不但能够满足对方的虚荣心，而且会消除彼此之间的对抗情绪。他会一边指点你，一边鼓励你。为了给你打气，有时也会给你一张意料之外的订单。

销售人员自己在购物时也会有不同的心理，可以总结一下。这样在推销的时候就能对症下药，根据客户的不同心理采用不同促成订单的技巧。

销售技巧

三、时间，成就沟通的第一良方

很多时候，销售人员还没有进入客户的办公室或者刚进去就被客户下"逐客令"，这并不是因为销售人员的热情不高、沟通技巧不过关，而是因为沟通的时间不对。

有了时间，成功的可能性才会更大。销售人员不要以为与客户沟通一次即可，必须注重沟通的时间问题。

特别提示

如果在不适当的时间与客户进行交流，客户很可能会认为自己的事情受到了打扰。那么，销售人员应该什么时间与客户沟通呢？多长的沟通时间才不让客户厌烦呢？

（一）保障沟通总时间：每周起码一小时

销售人员大部分的时间都是和客户一起度过的。销售人员每天不是在市场，就是在企业现场，与客户在一起的时间较多。俗话说"见面三分情"，不管客户对你的方案是支持还是反对，都有回旋的余地。

但是销售人员并不能经常与客户见面，好不容易跟客户热络起来的感情，过不了一周就冷淡下去了。因此，有经验的销售人员，即使在没有方案要做的"空档期"，也会主动跟客户负责人员联络。

一个电话、一次 QQ 或微信聊天、一条短信，甚至是一篇推荐的文章，都会让慢慢疏远的感情再次热络起来。

当然，销售人员需要沟通的不只是客户，也要和同事、领导保持一定的沟通，否则工作会很难进行，甚至彼此误解。

● 案例场景

贾鹏飞曾在一家知名的保险公司做销售，有段时间，总是因为专业意见不同，跟经理争来吵去的。他事后发现这也是他和经理关系最好的一段时光。

后来，贾鹏飞带着项目组在外出差一个多月，因为联系客户比较忙，所以与经理通电话比较少。结果贾鹏飞回公司后就发现气氛不对，原来是经理在生贾鹏飞的气，认为他在玩"将在外君命有所不受"的把戏。

● 案例分析

销售人员常常单打独斗，都有一个认知误区：只要把客户的事情解决了，自己的老板自然就会了解自己、欣赏自己。其实不然，不会主动沟通，再冤也得怪自己。吃一堑、长一智。销售人员每周都要跟上司和关键下属，最少要沟通一个小时，最好是面对面的沟通，其次是电话或者视频。

（二）拿准沟通的时机：恰当时间说恰当的话

传达心意最重要的就是不可错过时机。日本知名职场顾问桑原晃弥认为，沟通的方式有很多种，称赞、斥责、道歉等，但是沟通错过"时机"就毫无意义，有时还会造成反面效果。

桑原晃弥提出了3个关键原则：祝福要当场传达，道歉要在事发当天，完事要比承诺还早。

不同的人会有不同的有效沟通频段，销售人员必须在沟通过程中摸索出关键客户的沟通时机，为之后的沟通奠定良好的基础。在合适的时间讲合适的话，沟通才会事半功倍。

（三）注重沟通的效率：每一次沟通，都能通往目标达成的关键点

从沟通到达成交易，中间有许多的关键点。精明的销售人员善于把控节点，

以整合营销传播的方法，推动当下的沟通节点，朝着下一步节点迈进。

● **案例场景**

荣言在看房子时遇到这样一位销售人员：办事很利索，考虑很周到。

在他们看房的路上，销售人员就把地址、房屋概况等细节发到手机上。在看完房子之后，还不失时机把所看房子的优缺点，再次以短信方式发出。

等差不多到家的时候，销售人员还适时来个电话，道个平安。荣言和女朋友被这位细心的销售人员打动了，于是决定买他介绍的房子。

销售技巧

> 沟通就是销售的窗子和门，如果没有沟通，销售很难达成。而时间是在沟通时不可忽视的一个重要因素，时间对能够顺利沟通，时间不对却阻碍沟通。因此，销售人员一定要把握好沟通的时间。

四、没有业绩？因为你不懂这些销售技巧

销售的最终目的都是为了成交，而最终是否能够成交主要取决于销售人员在整个过程中的观察力和决断力，在恰当的时候提出成交才能事半功倍。

一旦出现缔结契机，销售人员应趁早结束商谈。虽然客户可能还有些犹豫，但销售人员可以趁着客户购买欲望还强烈时鼓励他购买，成交的机会仍然很大。

特别提示

> 为了与客户成交，达到销售的目的，应根据不同客户、不同情况、不同环境，采取不同的成交策略，以掌握主动权，尽快达成交易。

（一）信心成交法

销售的本质是信心的转移，客户需要的是对产品和公司有信心。作为一名销售人员，需要做的就是卖——产品信心，公司信心。

要让客户建立信心，销售人员应该从形象、礼仪开始，处处关注客户的体验，让客户感受到你——人的信心，即值得信赖。

（二）二选一法

销售人员可以为客户提供两种选择方案，无论客户选择哪一个，都将达成交易。当然，二选一法一定要避免"要还是不要"的问题，需要让客户选择的是"要A还是要B"。

● 案例场景

周杉是一名服装推销人员，一次她给一位顾客介绍完新款外套后，观察出对方有购买意向，于是询问道："女士，我们这款外套最畅销的颜色有金色和白色两种，您比较喜欢哪一种呢？"

顾客："那就金色吧！给我包起来。"

周杉："好的。"

● 案例分析

其实这件新款外套有好几种颜色，但是周杉只给顾客提供了两种畅销颜色进行选择。这是因为提供的颜色多了反而会让顾客眼花缭乱，不知如何选择，从而提出拖延购买的请求，岂不是得不偿失。

因此，一旦发现顾客有购买意向，要当机立断提出成交请求，巧妙地利用选择成交法，提供一到三项供顾客选择即可，选择太多反而会让顾客无法适从。

（三）总结利益成交法

为了让客户更加心甘情愿的成交，销售人员可以把交易为客户带来的所有的实际利益展示给他。销售人员应该把客户关心的事项进行排序，然后把产品的特点和客户关注点密切结合在一起，促使客户最终达成交易。

● 案例场景

涂料销售人员对客户说："本厂生产的涂料每公斤 9 元，可涂 4 平方米的墙壁，一个 20 平方米的房间，只需 5 公斤即可，才 45 元。"

奶油销售人员对蛋糕店老板说："你愿不愿意以后销售的蛋糕，每公斤节约 20%的投资？"

文具销售人员对客户说："本厂出品的各类簿记、账册等比其他厂家生产的同类产品便宜三成，量大还可以优惠。"

● 案例分析

上述几个销售人员的语言有着极大的诱惑力，他们首先向客户表明了核心利益。以利益引导使销售人员可以把产品给客户带来的利益放在第一位，告诉客户可以获得的利益，这符合客户的求利心理，从而增加客户的成交信心。

● 技巧训练

1 利益引导法的核心是产品本身的实惠，较低的价格，较好的性能，优惠的折扣，恰当的机会，都能引起客户的注意和兴趣。

2 用利益引导的主要方式是陈述和提问。以式样和尺寸最全为引诱点，在价格的基础上进一步向客户表明购买的利益。

3 注意出发点，用利益做引导的出发点是客户的利益。

（四）优惠成交法

优惠成交法也称为让步成交法，是指销售人员通过提供优惠的条件促使客户立即购买的一种方法。在使用这些优惠政策时，销售人员要注意以下三点：

A 让客户感觉他是特别的，你的优惠只针对他一个人，让客户感觉到自己很尊贵很不一般。

B 千万不要随便给予优惠，否则客户会提出更进一步的要求，直到你不能接受的底线。

C 说明自己权力有限，需要向上级请示，然后话锋一转，讲明优惠很难得到。这样客户的期望值就不会太高，即使得不到优惠也不会怪你。

顾客在购买或消费的过程中，都有"获利"的心理，哪怕是一点点的诱惑，也会让他们觉得自己很会买东西，这是客户普遍的认知心理，商场打折时会让客户更有购买欲，因为这样他们会认为自己得到了实惠。

在销售过程中，销售人员也要做到让客户觉得自己得到了实惠，从而更愿意接受你的销售或推销。

（五）激将法

为了最终促成交易，销售人员可以采用激将法，利用客户的好胜心、自尊心激发犹豫的客户尽早下决心购买。

● 案例场景

保险公司销售人员刘扬向男客户推销保险，希望他能为妻子和孩子购买保险，但是客户一直推脱。于是，刘扬决定用激将法促成订单。

客户："这事以后再说吧。"

刘扬："丈夫为妻子购买保险，父亲为孩子购买保险，不仅是为了让她们在意外的情况下生活有保障，更是对妻子和孩子深沉的爱。这种爱也是一种责任，是一个男人、一个父亲的责任。"

听了这番话，这位男客户乖乖的买了保险。

● 案例分析

很多时候，面子和荣誉比金钱和利益更有力度，如果用金钱和利益无法打动客户时，销售人员可以尝试用面子和荣誉的丧失来激发客户。当然，销售人员在使用激将法时，要显得平静、自然，以免对方看出你在"激"他。

（六）从众成交法

人都有从众心理，喜欢凑热闹和随波逐流是人的天性。因此，销售人员可以利用人们的这种从众心理来促成交易。

我们经常可以看到，在商场或超市人们成群结队、争先恐后的抢购某种商品，看到这种场景，许多消费者就会毫不犹豫地加入抢购者的行列。其实，他们也不一定是真的需要这些东西，商品也未必物美价廉，主要就是由于人们有从众的心理，看到别人购买，就会盲目地认为这么多人选择一定不会错，所以也对商品产生了信赖感。

有些客户在购买产品时，并不想去冒险尝试。但如果产品已经得到大家的认可，他也会选择相信。

● 技巧训练

1 前提是保证产品的质量。好的产品质量是利用客户从众心理的前提，只有这样，客户购买后才能真正认可产品并继续购买。

2 要想引导客户的从众心理，所举的案例一定要是事实，既不要用谎言编造曾经购买的客户，也不要夸大那些老客户的购买数量。

3 向客户列举具有说服力的老客户。尽量选择客户熟悉的、比较具有权威性的、对客户影响较大的老客户作为列举对象。

4 有些客户喜欢追求与众不同。对于这样的客户，就不要轻易使用此种方法，以免弄巧成拙。

（七）步步紧逼成交法

● 案例场景

客户："我再考虑考虑吧，过几天再说。"

销售人员："买东西就应该像您这么慎重，要先考虑清楚。您对这个产品还是很有兴趣的吧，不然您不会花时间去考虑，对吗？"

听销售人员这样说，客户也会点头表示认同。

此时，销售人员紧逼一句："我出于好奇，想了解一下您要考虑的是什么，是我们的信誉度吗？"

客户："不是，你的产品不错。"

销售人员："那是您还不能信任我？"

客户："不，怎么会呢？"

● 案例分析

许多客户在购买之前都会出现拖延的情况，销售人员可用层层逼近的技巧，不断发问，最后让对方说出他所担心的问题。只要能解决客户的疑问，成交也就成为很自然的事。

（八）协助客户成交法

许多客户即使有意购买，也不喜欢迅速签下订单。

此时，销售人员就要适时改变销售策略，暂时不谈订单的问题，转而热情地帮助客户挑选，一旦客户选定了某一产品，自然也就获得了订单。这就是协助客户成交法。

（九）对比成交法

● 案例场景

张潇是一家保险公司的销售人员，他要说服一位客户购买一份保险，这份保险每周需要客户投资 20 元。他说："这就好像是我们公司建立一笔替您保管的特别款项，总额为 1 万元。您每付一次保险费，这笔钱就增多一些。做生意就应该有投入也有收益。我呢，就负责替您积累资金——每周只有 20 元。"

"但同时，我还要为您做些别的。等到有一天您需要提取保险金，我会把 1 万元填在现金登记本上，还要在您的纳税一栏写上'免税'二字。到那时您或许要挣 1 万元，不，您可能得挣 10 万元才能抵得上这笔免税的保险偿付费。"

"如果您愿意把 20 元放在口袋里，我并不认为您会觉得很富有。如果您少了 20 元，我不相信您会感到破产。因此，要是您认识到了 20 元能带来的巨大差异，您会感到吃惊……"

● 案例分析

在上面的例子中，张潇将客户买与不买的利弊分析得一清二楚，从而帮助客户下定购买决心。

销售人员也可以利用书面比较利弊，促使客户下决心购买。销售人员可以准备纸笔，在纸上画出 "T" 字表格。左边写出正面即该买的理由，右边写出负面不该买的理由。当买的理由多于不买的理由时，相信客户也会被打动的。

（十）小点成交法

小点成交法又称为次要问题成交法，或者称为避重就轻成交法，是销售人员在利用成交的小点来间接促成交易的方法。

这种成交法是相对于"大"而言的，当销售人员向客户提出大的销售要求，客户拒绝你的可能性会大一些，如果将大要求划分为小的要求，这些小的要求就有可能会被接受，在对方接受你小的要求之后，你再提出一个小的要求，客户可能也会接受……慢慢地提出一个个小要求，最后还是一个大要求。

小点成交法是利用了客户的成交心理活动规律，避免直接提示客户比较敏感的、重大的成交问题，而是向客户提出比较小的、次要的成交问题。逐渐由小到大，由小求大，先小点成交，再大点成交，最后促成客户做出购买决策。

● 案例场景

一个刚毕业的小伙子去应聘一家大型百货公司的销售人员。经理问他："你以前做过销售人员吗？"他回答："我以前在学校经常在每个宿舍推销。"

之后经理又问了几个问题，他都回答得很好。经理喜欢他的反应敏锐，说："你明天可以来上班了，等下班时我会来看你的销售业绩。"

第二天，小伙子差不多快要准备下班时，经理问道："你今天做了几单买卖。"

"一单"，小伙子回答说。

"只有一单？"经理很吃惊地说："我们这儿的售货员一天基本上可以完成20～30单生意呢。你虽然是新人，也太差了吧？你卖了多少钱？"

"300 000美元"，小伙子回答道。

"你是怎么做到这单生意的？"半晌才回过神来的经理吃惊地问道。

"是这样的"，小伙子开始讲述，"我先向一位顾客售卖了小号的鱼钩，然后是中号的鱼钩，再后来便是大号的鱼钩，继而是小号的鱼线，中号的鱼线及大号的鱼线。其后，我问该顾客要到哪里去钓鱼，他说到海边，我建议他买条船，然后他说他的大众牌汽车可能拖不动这么大的船。我于是再带他选购了一部够马力的汽车……"

经理难以置信的感慨道："一个顾客仅仅来买个鱼钩，你就能卖给他这么多东西，你真是天生做销售的料儿！"

● 案例分析

销售人员在向客户推销时，不妨试试曲线救国的"小点成交法"。小点成交法既可以减轻客户成交的心理压力，又有利于销售人员合理地利用各种成交信号有效促成更多的交易。

（十一）订单成交法

销售即将结束的时候，销售人员可以拿出订单或合约并填写资料，如果客户没有制止，就表示他已经决定购买了。

如果客户说还没有决定购买，销售人员可以说："没关系，我先把订单填好，如果您计划有变，我会把订单撕掉。您会有充分的考虑时间。"

> **销售技巧**
>
> 没有销售业绩？但总是有人在卖，有人在买，他们为什么会成功呢？他们幸运吗？绝不只是如此！是因为这些成功的销售人员掌握了销售技巧，并在平时多加训练。

五、如何让意向客户变成签单客户

销售人员遇到的一个经典问题："有没有技巧让意向客户变成签单客户？"许多销售人员都遇到过这个问题，本来与客户谈得很好，向他推销产品会让你继续讲下去，还会对产品提出异议，并讨价还价，但客户就是不签单。

> **特别提示**
>
> 意向客户非常难得，销售人员一定要把握机会，积极应对意向客户提出的异议，保持友好的状态，运用销售技巧让意向客户签单。

以下几个技巧有助于将意向客户转化为签单客户：

（一）分

所谓"分"，就是划分清楚成单销售的流程动作，按照流程推动客户签单。任何事情都不是一蹴而就的，销售亦是如此。

不同的销售公司、不同的销售方法、不同的销售产品就应该有不同的销售流程，不过最重要的是要将适合公司产品的销售流程分解出来，找到大概流程才能把握哪些客户应该签单了。

许多销售人员在这一块基础没有做好，因此没有办法成单。大多数销售人员在谈意向客户时都是讲沟通好、有购买需求、沟通了多次等，但成单的部分流程没有到位自然就成不了单。

（二）黏

销售人员要加强与客户的黏合性，找不同的借口、机会和时间与客户接触。只要与客户接触多了，不断地主动接触，这样久了客户就会有所感动。作为销售人员，经常找客户吃饭，客户肯定知道你需要什么。

（三）巧

对于一些并不是特别大的单，销售人员可以巧用一些策略来促使客户签单。这些策略有很多，销售人员要灵活运用。

● 技巧训练

1 **今天特价法：** 告诉客户今天特价，优惠力度很大，及时下单可以省很多钱。

2 **分期付款法：** 如果客户资金不足，可以让客户采用分期付款，减小资金压力。

3 **体验试用法：** 可以建议客户试用，如果产品真的不错，相信客户还会再次购买。

4 **借力法：** 可以借助同事和领导的力量，充分了解同行竞争对手的情况，再对症下药。

类似的方法有很多，而且应用起来非常简单。需要特别提醒销售人员的是：销售技巧一定要慎用，既然是"巧"就应该用在关键的时刻。如果随便应用不仅不巧，还会让客户产生逆反心理。

**销售
技巧**

　　不要害怕向客户索要订单，销售人员要向客户表达清楚，然后不断增加客户对产品和公司的信心，当所有的努力都做好后，成交也就水到渠成了。

第 10 章

应对客户异议细节——
转化客户的异议为购买力

销售细节

　　做销售总会面对客户各种各样的异议，要学会正视顾客的异议，把握好不同客户的异议处理技巧，逐一击破，将客户的异议转化为购买力。

一、如何巧妙应对客户的投诉

产品卖出去就万事大吉了吗？显然不是，如果你的产品和服务有什么不足之处，客户也是会投诉的。

也许客户的投诉只是因为一点简单的小事，但销售人员一定要认真对待。一个客户会把他的不满告诉身边的 5 个人，而这 5 个人又会把这件事情告诉身边的 10 个人。一个投诉没有处理好可能会失去很多客户。

> 要处理好客户的投诉，一定要认真地倾听客户诉说，也要揣摩客户的心理。只有了解客户的心理状态后，才能从心理上靠近客户，为客户提供合适的处理方案。

特别提示

（一）发挥同理心，仔细聆听抱怨内容

销售人员应该发挥同理心，认真对待客户的投诉。在倾听客户抱怨的时候，不仅要听他抱怨的内容，也要注意他说话的语调和音量，只有这样才能准确了解客户语言背后的情绪。同时，销售人员要通过解释和澄清，确保你真正了解客户的问题。

● 案例场景

于淼在买下一款手机后，多次出现问题，出于无奈她向公司提出投诉。

在她的一顿抱怨之后，客服人员说："于女士，来看一下我的理解是否正确。您是说您一个月前买了我们的手机，但发现有时会无故死机。您已经到我们的手机维修中心检测过，但测试结果没有任何问题。今天此现象再次发生，您很不满意，要求我们给您更换产品。"

于淼回答："是的。"

● 案例分析

对于客户的投诉，客服人员要认真倾听，向客户解释他所表达的意思并请教客户我们的理解是否正确，这些都是向客户表明了你的真诚和对他的尊重，同时这也给客户一个重申他没有表达清晰意图的机会。

（二）认同客户的感受

客户在投诉时肯定会带着一些不好的情绪，客服人员不应该把客户的不满表现理解为对个人的不满。客户不满的情绪会在潜意识中通过一个载体来发泄，而客服人员恰恰就成了客户的发泄对象。

对于客户的愤怒，客服人员不仅要学会理解，还应该非常重视并迅速、合理地解决客户的问题。同时，要让客户知道你非常理解他的心情，关心他的问题。

（三）引导客户思绪

客服人员也许会为道歉感到不舒服，这似乎是承认自己有错。但这并不一定就表明公司或你犯了错，这最主要表达的还是对客户不愉快经历的遗憾和同情。

认同会将客户的思绪引向解决方案，而不会让客户越发强硬。当然，客服人员也要学会运用一些技巧来引导客户的思绪，化解客户的不满。

1. "何时"法提问

正在气头上的客户很难进入"解决问题"的状况，客服人员首先要做的就是逐渐使对方的火气减下来。对于客户的抱怨，应当用一些"何时"问题来冲淡其中的负面成分。

● 案例场景

客户："你们根本就是胡来，不负责任才导致了今天的烂摊子！"

销售人员："真是不好意思，那您什么时候开始感到我们的服务没能及时替您解决这个问题？"

2．转移话题

当客户沉浸在不满情绪中不断的发火、指责时，客服人员可以抓住一些其中略为相关的内容扭转局面，缓和气氛。

● **案例场景**

客户："你们这么搞把我的日子彻底搅乱了，你们的日子当然好过，可我还上有老下有小啊！"

销售人员："我理解您，您的孩子多大了？"

客户："嗯……5岁。"

3．间隙转折

如果客户情绪太过激烈，客服人员可以暂时停止对话，特别是你也需要找有决定权的人做一些决定或变通时。

● **案例场景**

客户："你们是怎么搞的啊？

销售人员："请您稍候，让我向高层领导请示一下，我们还可以怎样来解决这个问题。"

4．给定限制

有时客服人员虽然做了很多尝试，但客户依然出言不逊，甚至不尊重对方的人格，客服人员可以转而采用较为坚定的态度给对方一定限制。

● **案例场景**

面对客户不断地谩骂，销售人员说："蒋女士，我非常想帮助您。但您如果一直这样情绪激动，我只能和您另约时间了。您看呢？"

5．表示愿意提供帮助

"让我看一下该如何帮助您，我很愿意为您解决问题。"当客户正在关注问题的解决时，客服人员体贴的表示乐于提供帮助，自然会让客户感到安全、有保障，从而进一步消除对立情绪，形成依赖感。

（四）承诺将立即处理，积极弥补

引导客户按照自己的思路走后，客服人员要积极表达处理的诚意，如需要询问细节及相关信息，可以先说："为了能尽快为您服务，要跟您请教一些问题……"

● 案例场景

海尔曾推出一款"小小神童"洗衣机，推出时它的设计存在着一些问题，返修率非常高，但海尔的做法并没有让客户走掉。

海尔集团调集了大量的员工，承诺客户"接到投诉电话以后，24 小时之内上门维修"，很多客户的洗衣机都是经过海尔连续三四次甚至 5 次的上门维修才得以解决问题的，如此高的返修率客户是否会不满呢？

客户普遍反映说："任何新的产品都会存在这样或那样的问题，但对海尔的服务我们是满意的。"因为他们看到了一家企业对客户的尊重和重视。

● 案例分析

正是海尔这种及时处理，积极弥补的态度和做法，不仅没有让客户对产品丧失信心，还为公司赢得了很多忠实的客户。产品出问题有时是不可避免的，重要的还是如何解决问题。

（五）提出解决方法及时间表，请对方确认

对于处理的方法和时间，客服人员不能私下定论，要将决定权交给客户："您是否同意我们这样做……"

当客服人员将决定权交到客户手上时，他会感觉受到尊重而怒气不再。接着就得快速处理错误，同时别忘了尽可能弥补客户的损失，以挽救客户的损失。

（六）做事后的满意度确认

将客户的投诉处理后，要再次主动跟客户联系，确认对方是否满意此次

的服务。一方面了解自己的补救措施是否有效，同时也能加深客户受尊重的感觉。

销售技巧

> 客户的抱怨不是麻烦，而是机会。客户的投诉是我们改进工作、提高顾客满意度的机会。投诉并不可怕，可怕的是不能得到有效的、及时的化解，最终导致客户到处诉说，从而带来负面影响的。

二、销售人员面对顾客投诉要坚持的原则

销售工作中常常会遇到客户投诉，对于客户的投诉有的人能从容应对，有的人却束手无策。而处理客户的投诉也成为企业至关重要的一个环节，那到底怎样才能更好地处理客户的投诉呢？

特别提示

> 当客户进行投诉后，如果能及时将投诉处理好，就可能取得双赢的结果；如果投诉没有处理好，不仅会伤害顾客，更重要的是会伤害自己。

无规矩不成方圆，在处理客户的投诉时也要有自己的原则。不管有多少销售技巧，原则依然是这一切的前提。总体来说，处理客户的投诉应该遵循以下几大原则：

以诚相待原则	绝不争辩原则
表示欢迎原则	满足需要原则
换位思考原则	迅速解决原则

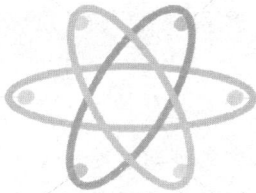

（一）以诚相待原则

客户与商家之所以会彼此信任，是因为建立在真诚的基础上的。如果人与人交往没有诚意，也就没有了信赖，所以在客户投诉时要拿出自己的诚意。

处理客户投诉的目的是为了获得客户的理解和再度信任，这就要求企业的投诉处理者在处理客户投诉时必须坚持以诚相待的原则。若不能做到给客户诚恳真挚的感受，其结果基本上都无法解决客户的投诉。

● 案例场景

张华在给女儿冲奶粉的时候，竟然在奶粉中发现了小块的玻璃碎片，对此他非常愤怒，决定到奶粉公司去投诉。

到了奶粉公司，他点名要见总经理，其他人都不行。见到经理后，他直接说："你们这简直是要命的公司！你们为了钱连我们的命都不顾了……"总经理见状赶紧诚恳地对他说道："先生，究竟发生了什么事？您可以告诉我吗？"

张华激动的拿出奶粉重重地往桌上一放，说："你自己看看，你们干的好事!"

总经理一看，立刻收起了微笑，激动地说："这是怎么搞的，人吃下这东西是要命的啊!"说着他一把拉住张华的手，急切地问："家中是否有人受伤了，咱们现在马上要车送他们去医院治疗!"说着，他拿起电话准备叫车。

这时候张华的怒火已经消去了大半，告诉总经理说，并没有人受伤。总经理这才放下心来，说："哎呀! 真是谢天谢地。"

接着他又对张华说："我代表公司的全体职工向您表示感谢，因为您为我们指出了工作中的一个巨大的事故隐患。我要将此事立即向公司通报，采取措施，今后务必杜绝此类事情发生。还有，您的奶粉我们要照价赔偿。"

● 案例分析

面对客户的投诉，销售人员要站在客户的角度进行思考，想客户所想，急客户所急。只有这样才能让顾客感受到你的诚意，心中的怒火才会消除。

需要注意的是，以诚相待并不是唯命是从，而是要先自问"我方错在哪里"。然而，以诚相待说起来简单做起来难，它要求投诉处理者不仅要有超强的意志，还要有牺牲自我的精神去迎合客户，恰当处理客户投诉的问题。

（二）表示欢迎原则

顾客就是上帝，对于客户的投诉，客服人员不应该感到厌烦，而要竭诚欢迎。客户的投诉帮你指出了问题所在，可以帮助你改善工作。如果客服人员不能正确处理客户的投诉将会失去一个机会，失去许多客户；反之，对投诉客户表示欢迎不仅留住了老客户，也能赢得更好的口碑。

（三）换位思考原则

也许投诉是买卖双方都不希望发生的事情，但有时也是不可避免的。当客户前来投诉时，客服人员要学会换位思考，站在客户的角度去想问题。

换位思考原则是有效处理投诉的条件。不难理解，客户投诉自然强烈认为自己是对的，并会要求商家赔偿等值产品或者道歉。但卖方通常会将投诉处理得不合理化，以尽量将损失压至最低。两者的立场不同，彼此往往互相较劲，都不肯退让。只有学会换位思考，才能有效解决问题。

（四）绝不争辩原则

处理客户投诉时，客服人员一定要避免争吵。要成功地处理客户投诉，首先要找到最合适的方式与客户进行交流。很多销售人员都会有这样的感受，客户在投诉时会表现出情绪激动、愤怒，甚至会对你破口大骂。但和客户争吵是一点好处也没有的，即使赢了客户也不会再来第二次。

● 案例场景

松下公司曾发生过这样一件事情：

电梯部的客服人员接到一个投诉电话，"我们的电梯出故障了。"了解情况后，客服人员礼貌地告诉对方说："非常抱歉，我首先为我们的服务不周表示歉意，这位女士您能告诉我贵公司的地址吗？我们马上派技术人员过去解决。"

客户说出地址后，客服人员说："我们的技术人员大概××时间会抵达贵公司，请您不要着急，问题很快会解决的。"

技术人员到达这个公司后发现，并不是电梯出了问题，而是客户使用不当出现了问题，而且问题已经解决了，但是技术人员还是对客户说："非常抱歉，这都是我们的错，是我们没向你们交代清楚，给各位添麻烦了。以后有事情请随时拨打我们的热线电话。"

● 案例分析

无论客户的投诉是谁的错，卖方都不能与客户争辩，因为这是尊重的需要、让客户发泄的需要，更是解决问题的需要。否则会让客户觉得自己没有受到应有的尊重，感情上受到了伤害，同时也延长了客户沉浸于"不幸"之中的时间，更让客户觉得投诉处理者在推卸责任，这会使客户感到更加愤怒。因此，无论客户如何无理取闹，投诉处理者绝不能与客户争辩。

（五）满足需要原则

当客户投诉时如何处理呢？从客户的角度来说，他们一定希望客服人员能够立刻放下手头的工作，全神贯注的接待他。对客服人员来说，没有什么事情比满足客户的需要更重要了。

● 技巧训练

1 看到客户的第一眼马上打招呼，即使在特殊情况下无法立即开始交谈，也需要表示出对客户的注意和随时准备为其服务的意向。

2 接待投诉客户时应尽可能排除其他干扰，若干扰强烈必须及时处理需以最快的速度向客户解释，征求客户同意后，再转移注意力。

（六）迅速解决原则

卖方在处理客户的投诉时一定要遵循迅速解决原则。时间拖得越久越会激发客户的不满，也会使他们的想法变得顽固而不易解决，所以卖方要立刻采取行动解决问题。

事实上，客户常常要求商家尽快处理问题，他们通常会说："尽快帮我修好""赶快过来""马上给我解决"等，这里的"尽快""赶快""马上"比任何处理方式都能赢得客户的好感，同时也能讨到他们的欢心。

> **销售技巧**
>
> 面对客户的投诉，处理者要保持冷静、耐心，遵循投诉处理的原则，牢记投诉处理的要诀，以不变应万变，因人而异的采取行动，那么客户的投诉一定能得到圆满解决。

三、客户异议也有真假之分，你会辨别吗

客户的"异议"就是在销售过程中客户不赞同、提出质疑或拒绝的言行。例如，你要去拜访一位客户，客户却推脱说没有时间；你在努力询问客户的需求，客户故意隐藏其真正的动机；你向他解说产品，他却带着不以为然的表情……这些都属于"异议"的范畴。

> **特别提示**
>
> 顾客有异议是很正常的,作为销售人员首先应该清楚客户存在异议的根源所在，以及这些异议的真假。

销售新人往往对异议抱有一些负面看法，甚至对异议有挫折感与恐惧感。而经验丰富的销售人员，却能从另外一个角度来体会异议。比如，他们可以从客户的异议中能判断客户是否真的有需求；从客户的异议中了解到客户对你的接受程度如何，这有助于你迅速调整销售战术；从客户提出的异议中可以获得更多的信息等。

但客户的异议一定是真的吗？其实并不是，在销售活动中主要有以下三种不同类型的异议。

隐藏的
异议

真异议　　　　假异议

客户异议
的种类

（一）真异议

真异议是指客户对产品没有需要：第一，不喜欢你的产品；第二，对你的产品持有偏见。对于此类"真异议"，销售人员要视情形考虑是立刻处理还是延后处理。

如果客户的异议成为其关心的重点时，那你必须妥善处理后再继续进行销售；如果你处理异议后可以立刻获得订单时，你应该立即处理异议。

下面的几个情况你可以考虑延后处理：当碰到你权限外或你不确定的事情时，先承认自己无法立刻回答，但保证会迅速找到答案并告诉他；当客户在还没有完全了解产品特性及利益前提出价格问题时；当客户的异议在后面可以更清楚得到证明时。

● 案例场景

顾客： "你们的冰箱与××牌冰箱属于同一类型，同一规格，同一星级，可是它的制冷速度要比你们快，噪音也小一些，而且冷冻室比你们的大12升。看来你们的冰箱不如他家的呀！"

销售人员： "是的，您说得不错。我们冰箱噪音是大了点儿，但仍然在国家标准允许的范围以内，不会影响您家人的生活与健康。我们的冰箱制冷速度慢，可耗电量却比他家冰箱少得多。我们冰箱的冷冻室小但储藏室很大，能储藏更多的食物。您一家三口人，每天能有多少东西需要冷冻呢？而且我们的冰箱在价格上要比××牌冰箱便宜300元，保修期也要长3年，还可以上门维修。"

顾客听后，脸上露出欣然之色。

● 案例分析

案例中顾客的异议属于真异议，这个时候就需要及时处理，如果延后处理或者选择沉默就会被顾客认为是心虚了。这位销售人员的处理方法值得我们去学习，作为一个合格的推销员当客户提出异议时不应该一票否决，而是要站在他的角度想想他为什么可以提出这样的异议，然后再进行分析与处理。

（二）假异议

一般情况下，假异议可以分为两种：第一种客户用借口、敷衍的方式应付销售人员，其实是不想诚意的和销售人员会谈，并且不想真心介入销售的活动；另外一种是客户提出很多异议，但这些异议并不是他们不进行购买的重点，如"这件衣服是去年流行的款式，已过了时"、"这车子的外观不够流线型"等，虽然听起来也是异议，但并不是客户真正的异议，只是在为自己此时不购买寻找借口。

● 技巧训练

1 注意聆听客户说的话，区分真的异议、假的异议及隐藏的异议。

2 面对客户的异议，在礼貌的倾听中，找出异议的根源，并采取积极有效的应答。

3 面对客户的异议，无论异议是真实的还是客户的苛刻要求，都要做到给予积极回应，通过巧妙的提问等方式，让客户消除异议。

（三）隐藏的异议

隐藏的异议是指客户并不提出自己真正的异议，而是通过各种真异议或假异议来掩藏自己的真异议，达成隐藏异议解决的有利环境。例如，客户希望降价，但是却提出其他如品质、外观、颜色等异议，以降低产品的价值，从而达到降价的目的。

不管顾客提出的是何种异议，你都要对异议持一个正确的态度，这样才可能能用正确的方法来处理好异议。

销售技巧
> 面对客户异议要端正态度，不要与客户发生争辩，让客户感受到你对他的尊重；认真聆听，巧妙解答，让客户在你的真诚中接受你的销售行为。

四、"太极拳"化解法，让异议迎刃而解

在销售过程中总是会伴随着顾客的异议。面对顾客的异议，销售人员不要急于进行正面解释、说明，不妨先缓和一下气氛，找机会绕过异议话题，再顺势回到异议话题，大部分异议很可能就会迎刃而解。

（一）强化产品优势太极拳

顾客常常喜欢把不同品牌但同类型的产品进行比较，顾客的比较表示对你的产品有所动心，但同时又担心是否物有所值，于是攀比语言就会脱口而出，这个时候销售人员最重要的一点就是坚定自己的信心，注重强化己方产品的优势，让顾客感觉物超所值，但不可以故意去贬低竞争品牌。

● **案例场景**

看到顾客在看地板，销售人员刘建上前说："您好，这款地板是环保产品，由瑞士原装进口。"

顾客："瑞士原装进口？要从瑞士运过来岂不是运费非常贵？成本高，难怪价格不低！"

对于客户的这一说法，刘建先是顺应顾客的观点："是的，的确运费要稍高一些。"

随后微笑着说："先生很会过日子嘛，买东西很仔细。因为我们的品牌畅销世界各地，由于销量大，因此生产成本就降低了很多，生产成本降低的费用大大高过了运费产生的成本，所以整体来说价格没有提高，像这样238元/平方米就可以享用国际品牌的价值，才是真正的物超所值。先生，您说是吗？"

顾客："好像有一定的道理，可同样是实木地板柚木色的，你们的产品要比久盛的贵20%呀？"

刘建："是的，先生，您很会买东西呀，久盛也是很不错的地板品牌，一个品牌的价格一般来讲是由三个方面决定的，第一是原料、第二是制造工艺、第三是品牌价值。您看中的这款柚木色的实木地板原料是选用印度尼西亚的原木，由于印尼海啸的原因，当地政府已禁止砍伐。卖完就没货了，可以说目前已是绝版！您特别有眼光，您看中的这款地板是柚木实木地板，柚木是属于木材中的高档品，不是有'一檀二柚三花梨'的说法吗！"

听刘建这样一说，顾客也确实心动了。

● 案例分析

顾客最大的异议就是产品的价格，可是销售人员却绕过直接解释价格高的原因，而是向顾客展示自己产品的稀有和高质量，并且"物以稀为贵"，转而得出了产品价格高的原因，也诱发出了顾客的购买欲望。

（二）有声有色解析产品太极拳

有声有色的介绍更能激起客户的购买欲望，但许多销售人员确实"有声无色"，所以要学会用构图性的语言来打太极、展示产品，能让顾客产生美好联想，进而渴望立即拥有产品。

● 案例场景

顾客："到西藏去旅行会不会有高原反应，听说有的游客一下飞机就受不了了，是这样的吗？"

销售人员："是有这样的情况，但这和个人身体素质有关，不是每个人都会有高原反应的。您如果担心产生高原反应，建议您乘火车去，回来乘飞机。因为火车可以慢慢让您逐步适应高原的气候，虽然乘火车要2天，但这48小时也是在享受旅行的过程。"

"火车行走在高原一蓝如洗的天空下，您能看见越来越接近的雪山，清澈的河水，还能看见和您比赛奔跑的藏羚羊，这一路的风景、风情是乘飞机没法体验到的。特别是您的孩子一定兴奋得没法睡觉，大哥，您的孩子一定很活泼顽皮，一定很可爱吧？"

● 案例分析

销售人员对坐火车去西藏的解析有声有色，面对顾客的异议不急于解释，巧妙地将顾客的关注点引到西藏线的独特风情中，销售语言很有画面感。这样的讲解当然会吸引到很多顾客。

（三）同理关心顾客太极拳

● 案例场景

在一家超市保健品的销售区域，一位男士顾客正在责问销售人员："你昨天给我吹嘘你们的产品老年人吃了'胸不闷、气不喘'！可是我母亲吃了之后就开始拉肚子。"

销售人员："大哥，您别着急，来坐下慢慢说！（跟上顾客的语气节奏，略显着急）您母亲现在身体还好吗（关心的口吻）？"

顾客："好什么好啊！可能好吗？"

销售人员："大哥，您真有孝心，自己亲自来超市帮母亲挑选合适的保健品。那我们来看看您母亲是怎么服用的，老人是饭前吃的还是饭后吃的，吃多少粒？"

顾客："饭前，按照你们产品说明书吃的2粒（感觉销售人员在关心自己，怒气消了一些）！"

销售人员: "真对不起, 怪我没给您交代清楚, 像你母亲的身体情况偏凉性, 而西洋参也偏凉性, 所以饭后吃比较好, 这时候胃不空, 可以先吃一粒, 待胃适应了再加服两粒, 这样就好了!"

顾客: "你怎么不早说!"

销售人员: "大哥, 实在不好意思, 看您这么有孝心, 我加送您一盒西洋参赠品, 对您母亲好一点儿, 可以配合着我们的产品服用, 老人家年龄大了, 要多补补气!"

顾客: "噢!"

● 案例分析

销售人员面对顾客的异议, 首先表示出对顾客母亲的关心, 可以让顾客的怒气稍微消一些, 然后询问顾客服用情况, 指出顾客母亲出现腹泻的原因。承认是自己的过错, 为了弥补过错主动提出赠送产品进行补偿, 从而挽回了顾客的信任。

(四) 借用内疚心理太极拳

● 案例场景

顾客: "让你介绍这么半天, 真是不好意思, 不过我还是想再考虑一下。"

销售人员: "没关系的, 设备投入也不是一笔小钱, 应该多考虑一下。看得出来您也是一个很为别人考虑的人, 作为设备推销员, 我就应当全心全意为顾客服务, 只有我们为顾客服务好了, 解决了顾客想解决的问题, 不管是买还是不买, 一样是我们的顾客朋友, 能够帮助您购买合适的设备, 那是最好不过了。"

顾客: "今天真的不好意思, 让你白花了这么多时间, 我还想再比较一下!"

销售人员: "那您能否帮我一个忙, 我想知道今天您还想要再考虑的主要原因是什么, 我想一定是我哪些方面服务的不够好, 让你在哪些方面还不是很了解是吗?"

● 案例分析

销售人员在运用顾客内疚心理进行销售的时候, 顾客都会想 "人家帮我做了这么多的参谋。服务太好了, 不买明明是我的原因, 他服务这么周到了, 还要自我检讨，真不好意思，反正都是要买的，暂时不买只是想再比较一下，这家产品服务好！销售人员有素质，产品一定不会错，好吧，就买它了"。这样销售就很容易成功了。

（五）面对价格异议太极拳

● 案例场景

顾客："你们的旅行社3个人一起报有优惠吗？"

销售人员："是的，顾客都希望能以优惠的价格买到称心如意的产品（先认同顾客，等于你在认真倾听顾客的话语，在关注顾客）只是，旅行社的利润真的已经很薄了，所以，非常不好意思，在价格上没有办法帮到您了，不过我们一定会在产品的服务上做到随时随地周到的贴心服务，请您相信中国国旅的品牌与品质！"

● 案例分析

销售人员在面对顾客的价格异议时，关键是销售人员要善于在产品"价值与价格"两要素上打太极，引导顾客重新认识产品价值，产品价值塑造、传递到位了，顾客就有可能淡化产品价格。

● 技巧训练

1 销售人员聆听完顾客关于价格的异议后，先肯定对方的异议，然后再用事实或事例婉言否认或纠正，其基本句型是"是的……但是……"。

2 面对顾客的价格异议，不要急于答复，用自己产品的优势与同行进行比较，突出自己产品在设计、性能、声誉、服务等方面的优势。

3 面对顾客的询问要认真倾听，耐心解答，在顾客告知现在不能购买时，利用顾客的内疚心理自责自己的不足。

4 在介绍产品时，要善于给顾客营造一种使用产品时的美好气氛，让顾客有身临其境的感觉，从而选择购买产品。

（六）独辟蹊径太极拳

● 案例场景

一位男士在珠宝店为太太选购了一款8 600元的金手镯后，突然要求："你能不能将发票开高一点儿，这样我拿给太太看时让她大吃一惊，我来补差价的税款！"

销售人员："先生真是个风趣的人，平时一定很会哄太太开心，能想到这么有创意的办法，只是公司真的有这方面的财务制度，我个人还真想帮您这个忙，不如我们再来想想看还有什么其他让您太太大吃一惊的方法，来，先生要不您看看这一款，鸡心相嵌56面切割，不管从哪个角度都会折射出动人心魄的梦幻宝石蓝光，我想这款一定能让您太太大吃一惊的。"

顾客："哦，我看看。"

● 案例分析

案例中的销售人员首先运用同理心表示理解顾客的要求，然后抓住顾客喜欢用的关键词"大吃一惊"来接应，先让顾客产生共鸣，再巧妙引导、转移话题，牵引顾客把关注点再次回到产品中来，把看似顾客无理要求的"大吃一惊"巧打太极，转换到同样能"大吃一惊"的产品上来，让顾客快乐埋单。

销售技巧

对于顾客的价格异议，销售人员应该先让顾客了解商品大致的价格和质量情况，再让其出价，给其主动权，活跃双方关系。

五、将计就计，快速转化顾客异议有妙招

销售人员在职业生涯中会遇到各种各样的客户异议，针对不同的客户异议，处理方法也千差万别，必须因时、因地、因人、因事采取不同的方法。面对客户异议，可以将计就计，快速转化客户异议的方式主要有以下几种：

转化
处理法

委婉
处理法

反驳法

转折
处理法

以优
补劣法

合并
意见法

冷处
理法

快速转化顾客异议的7个妙招

（一）转折处理法

转折处理法是销售工作的常用方法，即销售人员根据有关事实和理由来间接否定顾客的意见。使用转折处理法首先要承认客户的看法有一定道理，向客户做出一定让步，然后再讲出自己的看法。

如果使用不当，客户可能会提出更多的意见。因此，在应用时尽量别用"但是"一词，而实际交谈中却包含着"但是"的意见，这样效果会更好。只要灵活掌握这种方法，就会保持良好的洽谈气氛，为自己的谈话留有余地。

● 案例场景

服装销售人员王艾经常会根据顾客的实际情况来为其推荐衣服。一次，有位顾客提出这样的异议——"你推荐的服装颜色过时了"。

对于顾客的意见，王艾并没有感到反感，而是说道："女士，您的记忆力的确很好，这种颜色几年前已经流行过了。我想您是知道的，服装的潮流是轮回的，如今又有了这种颜色回潮的迹象。"

● 案例分析

王艾就这样轻松地反驳了顾客的意见。她首先对顾客的观点表示了肯定，随后陈述了自己的观点，这让顾客更容易接受。虽然她的话中并没有"但是"，但她委婉地将转折关系表达了出来。

（二）转化处理法

转化处理法是直接利用客户的反对意见，将其转化为肯定意见，但使用时一定要讲究礼仪，不能伤害客户的感情。此方法一般不适用于与成交有关的或敏感性的反对意见。

转化处理法就是利用客户的异议自身来处理。客户的反对意见具有双重属性，它既是交易的障碍，但也可以说是一次交易机会。销售人员要是能利用其积极因素去抵消其消极因素，未尝不是一件好事。

（三）以优补劣法

如果客户的异议的确切中了产品或服务的缺陷，回避或直接否定都是错误的做法。明智的处理技巧是肯定有关缺点，然后淡化处理，利用产品的优点来补偿甚至抵消这些缺点。这样有利于客户达到一定程度的心理平衡，有利于客户做出购买决策。

● 销售案例与分析

客户提出："这件东西的质量不好"，而销售的产品质量确实有些问题。销售人员可以从容的告诉他："这种产品的质量的确有些小问题，所以我们才削价处理。不但价格优惠很多，而且公司还确保这种产品的质量不会影响您的使用效果。"

这样既打消了客户的疑虑，还以价格优势激励客户购买。"以优补劣"的方法侧重于心理上对客户进行补偿，以便使客户获得心理平衡感。

（四）委婉处理法

如果一时没有考虑好如何答复客户的异议时，销售人员可以先用委婉的语气把异议重复一遍，或用自己的话将异议复述一遍。这样既可以给自己留下思考的时间，也可以削弱对方的气势。将客户的异议转化一下说法有时会使问题容易回答得多。

● 销售案例与分析

客户抱怨："价格比去年高多了，怎么涨幅这么高。"

销售人员："是啊，价格比起前一年确实高了一些"。

案例中的销售人员在不知道如何回答客户异议时，先对客户的异议做出了肯定回答。然后再等顾客的下文。这样的做法是非常明智的，既不会与客户发生正面冲突，也不是对顾客的观点加以附和。

● 技巧训练

1 销售人员在对问题进行复述之后，可以问一下："你认为这种说法确切吗？"然后再继续下文，以求得客户的认可。

2 对客户异议的复述，只能减弱而不能改变客户的看法，否则客户会认为你歪曲他的意见而心生不满。

（五）合并意见法

合并意见法就是将客户的几种意见汇总成一个意见，或者将客户的异议集中在一个时间讨论，目的就是要起到削弱反对意见对客户所产生的影响。

需要注意的是，不要在一个异议上纠缠不清，因为人们的思维有连带性，往往会由一个意见派生出许多反对意见。摆脱的办法是在回答了客户的反对意见后马上把话题转移开。

（六）反驳法

反驳法就是指销售人员根据事实直接否定客户异议的处理方法。理论上来讲，这种方法应该尽量避免。直接反驳客户容易使气氛僵化而不友好，使客户产生敌对心理，不利于接纳销售人员的意见。但如果客户的异议是产生于对产品的误解，而你手头上的资料可以帮助你说明问题时，不妨直言不讳。

需要注意的是，态度一定要友好而温和，最好是引经据典，这样才有说服力，同时又可以让客户感到你的信心，从而增强对产品的信心。

特别提示

> 反驳处理法也有不足之处，这种方法容易增加客户的心理压力，弄不好会伤害客户的自尊心和自信心，不利于推销成交。因此，在使用时一定要把握好度。

（七）冷处理法

对于客户一些不影响成交的异议，销售人员最好不要进行反驳，采用不理睬的方法是最佳的。千万不能客户一有异议，就反驳或以其他方法处理，那样就会给客户造成你总在挑他毛病的印象。当顾客抱怨你的公司或同行时，对于这类无关成交的问题，都不予理睬，转而谈你要说的问题。

● 销售案例与分析

客户："哦，原来你是××公司的推销员啊，你们公司周围的环境可真差，交通也不方便呀！"

尽管事实未必如客户所说，但销售人员也不要与之争辩。你可以说："先生，请您看看产品……"

国外的推销专家认为，在实际推销过程中 80%的反对意见都应该冷处理。但冷处理法也存在不足，不理睬顾客的异议会引起某些客户的注意，使客户反感。而且有些异议与客户购买关系重大，如果销售人员把握不准，不予理睬，有碍成交，甚至失去成交机会。因此，利用这种方法时必须谨慎。

销售技巧

快速转换客户异议的七种方法，销售人员一定要根据实际情况，对客户的异议进行分析，再决定选择哪种方法比较合适。如果在销售过程中，某些情况发生变化，也要及时改变策略。

第11章

电话销售细节——
在通话细节中捕捉成交信号

销售细节

　　与面对面销售不同，电话销售"不见其人，只闻其声"，可以说是靠嘴巴来创造财富的。因此，销售人员一定要留意销售细节，从话语中捕捉成交信号。

一、销售成败往往取决于第一句话

电话销售的第一句话就决定了客户对你的第一印象，虽说不能以第一印象去判断一个人，但客户却经常用第一印象对电话销售人员进行评价。好的通话开场白是一次高质量通话的关键要素之一，第一句话不但可以给客户一个良好的第一印象，还有助于与客户之间建立起一个良好的交流氛围，为愉快的完成本次通话提供一个很好的铺垫。

特别提示

电话销售的开场白是否成功将直接关系到谈话能否继续，如果销售人员总是啰啰嗦嗦不着边际，往往难逃被扫地出门的命运，因此销售人员必须提前做好功课。

（一）直截了当开场法

电话销售人员的开场白可以直截了当，大方的进行自我介绍，并说明打电话的意图。

● 案例场景

李明："张女士，您好！我是××保险公司的顾问李明。我们在做一项市场调查，能否请您帮个忙呢？"

顾客："可以啊，是什么调查？"

（二）同类借故开场法

● 案例场景

李明："王先生，您好！我是××保险公司的顾问李明。我们没见过面，但可以和你交谈一分钟吗？"

顾客："对不起，我现在正在开会……"

李明："那我一个小时后再打给你吧，谢谢您的支持，打扰您了。"说完后主动挂断电话。

一个小时后李明打过去时营造了一种很熟悉的气氛，缩短距离感："您好，王先生。我姓李，您叫我一小时后来电话的……"

（三）他人引荐开场法

他人引荐开场法可以起到"桥梁"的作用，销售人员与客户更容易打开话题。因为有"朋友介绍"这层关系之后，会无形的解除客户的不安全感和警惕性，很容易与客户建立信任关系。

● 案例场景

王宁："您好，是吴先生吗？"

顾客："是的。"

王宁："我是沈舒的朋友，我叫王宁，是他介绍我认识您的，前几天我们刚通了一个电话，在电话中他说您是一个非常和蔼可亲的人，他一直非常敬佩您的才能。在打电话给您之前，他务必叮嘱我要向您问好。"

顾客："客气了。"

王宁："实际上我和沈舒既是朋友关系又是客户关系，一年前他使用了我们的产品之后，公司业绩提高了30%，在验证效果之后他第一个想到的就是您，所以他让我今天务必给您电话。"

（四）自报家门开场法

其实，许多消费者对销售人员都非常反感，听到销售电话就会直接挂掉。如果上去就自报家门反而会引起对方的兴趣，为自己争取更多的时间。

● 案例场景

王宁："赵女士，您好！我是××公司的顾问王宁。不过，这是一个推销电话，我想您不会一下子就挂电话吧！"

顾客："推销产品，专搞欺骗，我最讨厌推销的人了！"

王宁："那我还真的要小心了，别让您再增添一个讨厌的人了，呵呵。"

顾客："你还挺幽默的，准备推销什么产品，说来听听。"

王宁："是这样的，最近我们公司在做一次关于××产品的市场调研，不知您有什么看法？"

（五）故意找茬开场法

● **案例场景**

王宁："许女士，您好！我是××公司的顾问王宁。最近可好，您还记得我吗？"

顾客："还好，你是？"

王宁："是这样的，我们公司主要是销售××化妆品的，您在半年前给我们打电话咨询，我们曾给您提供过一些试用品。这次打电话就是想咨询一下，您对我们的产品有什么宝贵的意见和建议。"

顾客："不好意思，你打错了吧？我用的不是你们家的产品。"

王宁："不会吧，难道我的顾客回访档案记录错了。真是不好意思！那能冒昧问一下您现在使用的是什么品牌的化妆品吗？"

顾客："我现在用的是……"

（六）从众心理开场法

很多人都有从众心理，喜欢凑热闹和随波逐流是人的天性。因此，电话销售人员可以利用人们的这种从众心理来促成交易。通过提出"与其同行业的几家大公司"已经采取了某种行动，从而引导对方采取同样行动的方法。

● **案例场景**

王宁："王女士，您好！我是××公司的顾问王宁。我们公司是专业从事××抗衰老化妆品销售的，我给您打电话是因为我们的产品已经成功帮助了许多人快速达到延缓衰老的效果，就连许多国际巨星都在使用我们的产品。"

顾客："是吗？"

王宁："是的，您想详细了解一下我们的产品吗？"

● 技巧训练

1 保证产品的质量是必要前提。好的产品质量是利用客户从众心理的前提，只有这样客户购买后才能真正认可这种产品，才能继续购买。

2 向客户列举具有说服力的老客户。尽量选择客户熟悉的、比较具有权威性的、对客户影响较大的老客户作为列举对象。

3 要想引导客户的从众心理，所举的案例一定要是事实的，既不要用谎言编造曾经购买的客户，也不要夸大那些老客户的购买数量。

4 有些客户喜欢追求与众不同。对于这样的客户，就不要轻易使用此种方法，以免弄巧成拙。

（七）巧借东风开场法

三国时，诸葛亮能在赤壁一战中用一把火烧掉曹操几十万的大军，借的就是东风。如果电话销售人员能够敏锐发现身边的"东风"，并将之借用，往往能起到"四两拨千斤"的效果。

● 案例场景

李蓉是国内大型旅行公司的电话销售人员，其工作是向客户推荐一张旅行服务卡，客户使用此卡住酒店、乘飞机可获得折扣优惠。这张卡是免费的，她的任务是让客户充分认识到这张卡能给对方带来哪些好处，然后去使用它，这样就可以产生业绩。刚好她手里有一份客户资料，看一下她是怎样切入话题的。

李蓉："您好，请问是张先生吗？"

顾客："是的，什么事？"

李蓉："您好，张先生，这里是四川航空公司客户服务部，我叫李蓉，今天给您打电话最主要是感谢您对我们川航一直以来的支持，谢谢您！"

顾客："这没什么！"

李蓉："为答谢老顾客对我们公司一直以来的支持，公司特赠送一份礼品表示感谢，这礼品是一张优惠卡，它可以使您在以后的旅行中不管是住酒店还是坐飞机都有机会享受优惠折扣，这张卡是川航和G公司共同推出的，由G公司统一发行，在此，请问张先生您的详细地址是哪里？我们会尽快给您邮寄过来的。

顾客："四川省，成都市……"

● 案例分析

在案例中李蓉借助航空公司客服的名义进行推销，打消了顾客对于她身份的疑虑，并且凭借航空公司的名气给自己的身份贴金。

介绍产品以及顾客可以得到的益处后，借助航空公司带出自己的公司，从而在顾客心里建立起对自己公司的信任感，进而探知顾客的家庭住址，成功完成电话销售任务。

（八）制造忧虑开场法

制造忧虑也是开场白中常用的一种方法，如果销售人员提出的问题正好也是顾客所关心的，便可一举激发顾客的表达欲望。当然，这就需要电话销售人员用心去观察和发掘顾客关心的到底是什么，找准话题的切入点便能拉近与顾客的距离。

● 案例场景

王宁："您好，请问是李女士吗？"

顾客："是的，你是？"

王宁："我是××公司的化妆品顾问王宁。我打电话给您的原因主要是不少顾客都反映现在的美容产品多是治标不治本，一旦停止使用，马上就会反弹，想请教一下您对这种问题的看法。"

顾客："是的……"

销售技巧

开场白的目的就是让顾客在最短时间内产生兴趣，在交谈中能够很快进入关键，而不是快速挂断电话，使你无法介入主题。

二、最佳打电话时间，提高成交概率的筹码

一周之中，星期几给客户打电话最容易成功？一天之中，什么时间给客户打电话最不让客户反感？作为一名合格的电话销售人员必须要考虑这些问题。

● 案例场景

销售人员："张先生，您好！我是××公司的小刘啊，您还记得吗？上周三您在我们的网店里看过我们的产品，当时您说要考虑一下，请问您现在考虑得怎么样了？"

客户："不好意思，我正在开会。"

销售人员："您现在不方便接电话啊！那您看什么时间方便呢？"

客户："我正在出差，最近都比较忙（说完就挂掉了电话）。"

这个场景是不是很熟悉？没错，做电话销售经常会遇到这种情况。

特别提示

打销售电话，不仅要看时间也要看客户的职业。在电话业务中，销售人员应该仔细针对每个客户的情况选择适当的时间拨打电话，这样才能事半功倍。

下面是我们通过大量销售电话总结出的给客户打电话的最佳时间。

（一）以周为标准

一个星期当中，客户有时会非常忙，有时会相对轻松一些，所以销售人员打电话的时候也要挑选对时间。

一般情况下，星期一客户都会比较忙。因为双休日刚结束，客户肯定会有很多事情要处理，而商务会议或布置一周的工作也会在这天进行。因此，销售人员给客户打电话应该避开这一天。如果事情紧急，也要避开早上的时间，选择下午会好一些。

星期二至星期四最适合给客户打电话，电话销售人员应该充分利用好这三天。这几天打电话直接关系着业绩的好与坏。

星期五是一周工作的结尾，这天打电话多半不会成功，得到的答复经常是"下星期再说吧"，但这天可以做一些调查或预约工作。

（二）以一天为标准

"一年之计在于春，一日之计在于晨。"但是对于电话销售人员来说，早晨并不是最好的通话时间。那么，电话销售人员在一天中什么时间给客户打电话最好呢？

● 技巧训练

1 早上8：30～10：00大多数客户会紧张的做事，接到业务电话也无暇顾及，所以电话销售人员在这个时间段不妨先做一些准备工作。

2 10：00～11：00客户大多不是很忙碌，一些事情也会处理完毕，这段时间应该是电话行销的最佳时段。

3 11：30～14：00是午饭及休息时间，除非有急事否则不要轻易打电话。如果你之前被前台和无关的人挡了，想换个人尝试也可以打。

| 4 | 下午 2：00～3：00 人会感觉到烦躁，尤其是夏天。所以不适合与客户谈生意，聊聊与工作无关的事情倒是可行。 |

| 5 | 下午 3：00～6：00 努力的打电话吧，这段时间是我们创造佳绩的最好时间。这个时间段建议你要比平时多 20% 的工作量来做事情。 |

（三）按职业

不同的职业，忙与闲的时间段也不尽相同。因此，销售人员要根据客户的时间来打电话。

职业	时间
家庭主妇	最好在早上 10：00～11：00
工薪阶层	最好在晚上 8：00～9：00
行政人员	上午 10：30 后到下午 3：00 为止
公务员	工作时间内，切勿在午饭前或下班前
会计师	切勿在月初和月末，最好是月中才接触
医生	早上 11：00 后和下午 2：00 前，最好的日子是雨天
艺术家	早上或中午前
餐饮业人员	避免在进餐的时候，最好是下午 3：00～4：00
建筑业人员	清早或收工的时候
律师	早上 10：00 前或下午 4：00 后
教师	下午 4：00 后，放学时
零售商	避免周末或周一，最好是下午 2：00～3：00
销售人员	早上 10：00 前或下午 4：00 后，最热、最冷或雨天会更好
牧师	避免在周末的时候打电话
股票行业	避开在开市后，最好在收市后
银行家	早上 10：00 前或下午 4：00 后
药房工作者	下午 1：00～3：00
报社编辑记者	最好在下午 3：00 以后
商人	最好在下午 1：00～3：00

如果在错误的时间给客户打电话，不仅销售不成功，还会招来客户的反感。在最佳的时间给客户打电话推销，成功的概率才会大一些。

三、电话销售有禁忌，教你不再犯错误

销售是一项极富挑战性的工作，作为一名电话销售人员，要想取得显著的业绩，不仅需要积累丰富的销售经验，更需要具有高超的说话技巧。常言道："一句话生意兴隆，一句话买卖难成"。现在许多销售人员并不知道如何与顾客交谈，经常触犯了客户的禁忌导致生意难成。

俗话说："祸从口出"，销售人员与客户通话尤其不能乱说话。销售人员因一句话而毁了一笔业务的现象，在生活中更是屡见不鲜。销售人员如果能避免失言，业绩定能够更进一步。

掌握销售语言的禁忌，能更好地与顾客进行有效沟通，了解顾客消费心理，能有针对性地进行销售策略以达到销售目的。接下来就介绍几个说话禁忌，希望对大家有所帮助。

（一）少用专业性术语

许多电话销售人员特别喜欢背书，把产品卖点背得滚瓜烂熟，然后向顾客说个不停。其实顾客大多都不是专家，说得再精彩，顾客听不懂也是没用的。在介绍产品时，使用通俗易懂的语言非常重要。

● 案例场景

陈亮从事保险销售工作还不足一个月，他一上阵就一股脑的向客户炫耀自己是保险业的专家，给客户打电话时更是直接将一大堆专业术语塞向客户，什么"豁免保费"、"费率"、"债权"、"债权受益人"，让客户如坠入云里雾中，个个听了都感到压力很大。

陈亮便在不知不觉中，误了促成销售的时机。

● 案例分析

电话销售人员把客户当作同仁一样，满口的专业术语，这让客户很难接受。客户听都听不懂，当然也不会乐意购买了。如果将这些专业术语，转化成简单的话语，让顾客听得明明白白，才能有效达到沟通的目的，产品销售也才能没有阻碍。

（二）杜绝主观性的议题

在商言商，销售人员最好不要与顾客说些与推销无关的话题。可以说一些"今天天气真好"之类的话，千万不要去参与什么政治、宗教等涉及主观意识的话题，不管你说得对错，都对销售没有任何实质意义！

许多销售新人因为入行不久，经验不足，经常会出现与客户一起议论主观性的议题的时候。有时甚至争得面红脖子粗，貌似"占了上风"，但业务也就这么告吹了，得不偿失。这样争论有什么意义吗？

成功的推销员一开始会随着客户的观点展开议论，但会在争论中将话题转移到推销的产品上。销售人员要学会将与销售无关的话题全部放下，尽量杜绝，闭口不谈，因为主观性的议题对我们的销售并没有好处，有时还会弄巧成拙。

（三）不说批评性话语

如果在通话时发现客户的某些缺点，销售人员也不要当场批评和教育他，更不要大声的指责客户。

要知道批评与指责解决不了任何问题，只会招致对方的怨恨与反感。与人交谈要多用感谢词、赞美语；要多言赞美，少说批评，要掌握赞美的尺度和批评的分寸，要巧妙批评，旁敲侧击。

在这个世界上没有谁愿意受人批评。电话销售人员每天都是与人打交道，赞美性话语应多说，那些批评的话语要尽量杜绝。

● 技巧训练

1 销售人员直接批评会让客户觉得很没有面子，要先肯定客户的感受，才能获得客户的认同感。

2 要理解客户的情感，尤其是他们多方面的疑虑和意见，适当暴露一些产品的缺点，可以提高你说话的可信度。

（四）少问质疑性话题

有些销售人员在与顾客通话时会不断地问一些诸如"你懂吗"、"你知道吗"、"你明白我的意思吗"的问题。这样不仅会显得不礼貌、不尊重顾客，还会让顾客认为你在怀疑他的理解能力，从而产生逆反心理。

从销售心理学来讲，总是质疑顾客的理解力会让他心生不满，感觉得不到最起码的尊重，进而产生逆反心理，这是销售中的大忌。如果担心顾客不明白自己的讲解，不妨用试探的口吻去了解对方："您有没有需要我再详细说明的地方？"这样客户更容易接受。

特别提示　给推销员一个忠告：不要把顾客当成傻瓜，不要用我们的盲点去随意取代他们的优点！

（五）禁用攻击性话语

有时客户对销售人员的产品和服务不断的提出异议，总是用自己的主观判断来评价。对此有些销售人员一时心急就跟客户争论了起来，这时就难免带有一些攻击性的语言引起顾客的反感。

因此，遇到这种情况时首先要理解和认同顾客，气氛缓和后再进行说服，切不可只是站在自己的角度来考虑就对客户横加指责。

有时客户会拿其他产品与自己的产品进行比较，这时销售人员千万不要用带有攻击性色彩的话语回击客户。无论是对人、对事、对物的攻击词句，都会造成准客户的反感。

● 案例场景

一天，陈玲想要买一份意外险，于是去某保险公司的网站先看了一下产品介绍。为了更加保险，她决定打电话再向客服人员咨询一下更为妥当。

陈玲："我想了解一下你们的意外险，你给我推荐一个吧？"

客服："根据您的情况，我觉得A种意外险很适合您的。"

陈玲："哦，可是那个有点儿贵啊！"

客服："那您可以选择B种意外险，这个价位不高，性价比也不错。"

陈玲："这个年份有点儿长啊！"

客服推荐了几个，陈玲都不满意，最后决定再考虑一下。客服一听便不高兴了，冷若冰霜的说："我们的保险可是最好的，怎么到你这儿都有毛病。你要买就买，不买拉倒，真是浪费时间！"说完就挂掉了电话。

陈玲对此非常生气，决定以后再也不在这家公司买保险了。

● 案例分析

客户是真心想购买保险，本来考虑一下也可能有回旋的余地，结果销售人员一句不得体的话，就彻底错失了顾客。销售人员一定要谨记不要用攻击性言论对待客户，这样不仅会损害个人形象，也会损害公司的形象。

（六）避谈隐私问题

销售人员要了解客户的心理，但不是去探听客户的隐私，更不是把自己的隐私作为和客户谈话的谈资。

很多销售人员常犯的错误就是大谈隐私，"我谈的都是自己的隐私问题，这有什么关系？"错！就算你只谈自己的隐私，把你的婚姻、生活、财务等和盘托出，这些对你的销售有帮助吗？没有！这种"八卦式"的谈论毫无意义，浪费时间，更浪费你推销的商机。

（七）回避不雅之言

粗俗语言、凶恶词语等，是销售语言中避讳的。每个人都希望与有涵养、有水平的人相处，不愿意与"粗口成章"、"出口成脏"的人交往。在销售过程中，销售人员千万不能讲不雅之言，这会给我们带来负面影响。

比如，在推销寿险的时候，电话销售人员最好回避"死亡"、"没命了""完蛋了"，诸如此类的辞藻。有经验的推销员往往在处理这些不雅之言时，都会以委婉的话来表达这些敏感词语，如"丧失生命"、"出门不再回来"等替代这些人们不爱听的字眼。

不雅之言会让个人形象大打折扣，它也是销售过程中必须避免的话。

（八）变通枯燥性话题

销售中有些话题很枯燥，但又不得不讲解给客户听，如果没有策略就开始讲，估计客户也听不进去。

电话销售人员应该将这些话题讲得简单一些，可用概括来一带而过。这样客户听了才不会产生倦意，推销才更有效。如果简练不了可以换个角度，以幽默或者其他方法来刺激一下顾客。

● 案例场景

杰克给美国西部航空公司客服打电话想要订机票。

杰克："你好，我要订两张到旧金山的机票。"

客服："好的，先生。不过这种机票有多种优惠价格，不知您适合哪一种？"

杰克："哦，有些什么优惠啊？"

客服："您是美国印第安人吗？"

杰克："不是。你问这些干嘛？"

客服："那太遗憾了，先生。如果您是印第安人并在清晨4点起程，又在次日清晨返回的话，我们可以给您30%的减价优惠，但现在只剩下8%了。"

第11章

杰克："哎，我的上帝，请问你们还有其他优惠条件吗？"

客服："嗯，如果您已经结婚50年以上没有离婚，我们给您减价20%。"

杰克："这对我不合适，还有其他的吗？"

客服："有的，如果您是度假的国家驻外使馆的人员，可以给予15%的优惠。"

杰克："那我又错过了，我正和我太太一起旅行。"

客服："哎呀，先生您怎么不早说呢？您太太还不到60岁吧？如果她不到60岁，且你们又不赶在周末旅行，那么可以享受20%的优惠价。"

杰克："可我们只有在周末才有空呀？您还是给我那8%的优惠吧，谢谢您的介绍。"

● 案例分析

面对如此名目繁多的优惠条件，航空公司的客服人员以轻松幽默的方式说出来，一步步引导客户进行提问并逐条回答。不用说，对于这样的服务，客户还是非常喜欢的。

（九）不说夸大不实之词

在做销售时，电话销售人员不能只关注短期利益，为了达到一定的销售业绩，就在介绍商品时夸大其词，大肆吹嘘产品的功能！因为顾客购买以后，终究会明白你所说的话是真是假。如果为了一时的销售业绩而去夸大产品的功能和价值，这样的结果就像一颗"定时炸弹"，一旦爆炸，后果将不堪设想！

● 技巧训练

1 任何产品都存在不足的一面，销售人员要客观清晰地帮助客户分析自己产品的优势和劣势，让客户心服口服地接受你的产品。

2 销售人员要明白，任何的欺骗和谎言都是销售的天敌。

电话销售的说话技巧是一门大学问，它关系到很多细节问题，销售人员应当学会避免使用禁忌的话语，并从实践过程中不断地总结经验。

四、找不对推销对象？因为你不懂这些细节

没找准销售对象，说再多都是错，做得再多也是徒劳。与不正确的人对话就是在浪费时间和金钱，这是电话销售永恒不变的真理。如果电话销售人员在销售过程没有找对销售对象，即使在其他方面做得很到位，也不会有好的业绩。

对于电话销售人员来说，及时准确地找到客户的信息异常重要，这不仅能够节约时间，更能抢占先机。与其花费太多的精力去说服一个不需要你产品的人，不如找一个成交希望更大的人。

电话销售成功的关键在于找对潜在的目标客户，如果连这点都做不到，想要有好的业绩那更是不可能了。

（一）准确的客户定位

找对人的前提条件就是准确的客户定位，首先明白自己要找什么人。如果客户定位错了，后续环节也都是错的。一般来说，准确、有效的客户应该具备以下三个条件：

1. 有明显或潜在的需求

客户只有对产品有需求，不管这种需求是隐藏性的需求还是明显性的需求，才会购买你的产品。或者说产品最终能够和客户的实际工作和生活产生关联，客户才会有购买的欲望。

● **销售案例与分析**

一个销售中央空调的电话业务员，每天打很多次电话却一笔也没有成交。原

来，他始终在给昆明的一些企业打电话，可是昆明四季如春，根本不需要空调。

这并不是销售技巧的问题，而是因为在与不正确的人对话。从营销学角度上来说，这就是客户定位的问题。从此案例我们可以看出，找对人对电话销售工作的重要性。

2. 有经济实力购买你的产品

销售就是客户付钱购买的产品或者服务，当然客户的付出一定要有相对比较划算的回报，但是不管如何都需要客户有支付产品的经济实力。

即使这个客户非常有需求，对产品有非常浓厚的兴趣，但如果根本没有足够的经济能力，所推销的产品或服务价格超出了客户可以承受的范围，那么结果只有两个：一是客户最后因为经济实力放弃；二是客户拖欠货款。而这两个结果都会让你的努力功亏一篑。

因此，尽量不要向没有经济实力支付的客户做推销，因为这无论是对你还是对客户都是无益的。

3. 联系人要有决策权

电话销售人员联系到的客户必须具有决策权，能够最终拍板做出购买的决定，至少是对整个采购决策过程具备相当大的影响力的人，否则即使他的公司非常有经济实力，又确实对产品有需求，但最后仍然还要说服那个掌握着购买决策大权的人。

● 销售案例与分析

赵佳是电信服务商的销售人员，他负责向一个集团推销电话业务。该集团的市场部告诉赵佳找负责电话的人员联系即可，但结果并不理想。

这就是一个定位错误的问题。一个企业负责电话的人往往是后勤人员或办公室人员，但他们根本无权决定办理这项业务，即使对这个服务有兴趣，还要向上级汇报，真正有决定权的应该是行政部门的负责人。因为定位的错误，销售也没能成功。

（二）全面的企业资料

要想找对人必须要有全面的企业资料，只有这样电话销售人员才能全面了解这家企业，从而有更多的话题与之进行沟通交流，也可以有更灵活的访问理由帮你找到你要找的人。

销售人员可以通过专业的数据公司购买企业名录类产品，这种产品对企业的介绍比较全面，可以帮助电话销售人员快速全面的了解企业，准确性高，也可以省去很多的时间和精力。

● 案例场景

韩晨是一家保险公司的电话销售人员，他每天打的电话并不是最多的，打电话的时间也不是最长的，但基本上每个月的业绩是最好的。

原来韩晨的秘密就在于他充足而又有效的客户资料，韩晨不像其他同事一样只顾着打电话，而是每天都会抽出两三个小时做客户整理，包括开发新客户，老客户跟进，还有将不同类型的客户进行详细分类等。总之，他的客户簿里密密麻麻的如同密码似的客户资料成为他打电话成功的利器。

因为对客户的详细分类，以及每天开发新的客户，韩晨打电话虽然不多，但成功率比较高，这并不是同事眼里的幸运造成的，而是因为打电话前的客户整理工作的结果。

（三）敏锐的判断能力

电话销售人员一定要有敏锐的判断能力，能够通过与客户的简单对话判断对方的身份，从而确定是否为目标客户。

销售工作中，许多电话销售人员本是要找对方市场部的人员，却和对方销售部人员交谈了半天，却没有识别出对方的身份，还在滔滔不绝的介绍产品，而当对方听明白时会直接告诉他产品不是我需要的。

如果电话销售人员确定销售对象不对，一定要迅速摆脱他们，找到正确的人。

（四）灵活的提问形式

一般而言，迅速判断对方的身份主要是通过对方的语言、语气和语调。如果与对方交流了一段时间还不能确定对方的身份，可以采用灵活的提问来判断对方的身份。

电话销售人员的最高境界是让客户说而自己不说，让客户说必须要学会提问题，给客户的问题必须是他愿意回答的，而且是他能回答的，也是他所关心的，而销售人员就是来帮助他解决这些问题的。

（五）礼貌的摆脱形式

如果电话销售人员明确对方不是你要找的人，要采用礼貌的形式摆脱对方，而且可以借助对方找到正确的对象。

如果判断出对方不是你要找的人，要采用礼貌的形式摆脱对方，而且我们还要通过对方找到我们要找的人。不管采用哪种方式，一定要做到有礼貌。电话销售人员需要摆脱的人是前台或接线员。

● 技巧训练

1 在找资料时顺便找到老板的名字，打电话时直接找老板，若对方问到是谁，可以说是其朋友或客户，这样机会大一些。

2 多准备几个该公司的电话，用不同的号码去打，不同的人接会有不同的反应，这样成功的概率比较大。

3 电话销售人员可直接告诉前台购买产品的好处或者必要性，让他无法拒绝。

（六）恰当的人物判断

想要找到对的人，电话销售人员必须对另一端的人物在公司的身份地位进行恰当的判断，查看对方在公司是否有权决定购买行为，还是对方需要向上级汇报，经过审批。

只有做出了恰当的人物判断，电话销售人员才能绕过不必要的人员，直接找到决策者，这才是那个正确的人。

（七）合理的访问理由

电话销售人员在打电话前必须准备多个访问理由，对不同的人和公司都要有合理的理由。因为直接找到正确的人可能性比较小，可能需要很多人转电话，这时多个合理的访问理由更容易找到决策人。

销售技巧

> 电话销售必须先从找客户开始，古人云："工欲善其事，必先利其器"，要想成为优秀的电话销售人员，就必须先拥有充足的客户资料，这样才能把业务深入的开展下去。

五、电话销售必须要掌握的情绪控制课

对许多人来说，控制情绪都是很大的挑战，对电话销售人员更是如此。如何有效管理自己的情绪，克服恐惧心理，调整被拒绝后的沮丧情绪，都是电话销售人员非常关心的问题。

● 案例场景

当将杀人犯判处死刑后，法官走到囚犯面前说："你还有什么话对你的家人说吗？""你去死吧，你这个伪君子、混蛋，你对我的裁决不公正！"囚犯狠狠地把法官骂了一通。

听囚犯这样说法官非常生气，对着囚犯非常粗鲁的数落了十多分钟。

囚犯等法官一说完脸上立刻露出了笑容，这一次他很平静地对法官说："法官先生，您是一个受人尊敬的官，受过高等教育，可以说是一个文明人，可是我只不过是骂了您一句，您就如此失态；而我是一个文盲，大字不识一个，做着卑微的工作，因为别人调戏我老婆，我一时冲动杀死了对方，而最终成了死刑犯。虽然我们的结果不一样，但有一点是一样的，那就是我们都是情绪的奴隶！"

生活中，许多人都是情绪的奴隶，电话销售人员也不例外。具体有哪些因素导致电话销售人员产生不良的负面情绪呢？从工作环境来看，主要有以下几个因素：

1 工作重复单调，缺少变化，每天就是接、打电话；

2 活动空间相对狭小，局限在室内；

3 经常遭到客户拒绝，有的客户态度甚至非常恶劣；

4 业绩压力大，公司订的目标好像总是完不成；

5 领导经常检查工作；

6 同事中某一位业绩特别突出，压力增大。

在这样的环境中待得时间长了，心情自然会受到影响。因此，在这种环境下，电话销售人员必须要学会自我调节情绪。坏情绪就像一杯浑浊的水，要想让水重新变得清澈，调节情绪可以采用沉淀法、稀释法、蒸馏法、过滤法、替换法和化学法。

（一）沉淀法

坏情绪就像一杯浑水，不去摇动或搅动，要不了多久水中的泥沙自己就会沉淀下来，水就会变得清澈。

古希腊神话曾说过一样东西，叫作"仇恨袋"：如果它挡住了你的去路，你想把它踩扁，然后从它身上跨过去，那么你就犯了一个错误，因为"仇恨袋"会越踩越大，最后变得像一座山一样，你永远也别想通过了。怎么样才能通过呢？唯一的办法就是别去碰它，对其置之不理，这样它就会慢慢地变小，直到变得扁扁的，像一张纸片，这样你就可以轻易跨过去。

同样的，电话销售人员在工作中经常会遇到烦心事，导致心情糟糕。如果总是想这些不高兴的事情，估计只会更加烦闷。对于不愉快的事情，电话销售人员应该学会放下，过段时间心情自然就好了。千万不要总是抱怨，这对自己并没有一点好处。

（二）稀释法

如果将浑浊的水无限稀释，最后也会变得清澈。当电话销售人员不开心的时候，可以通过其他的途径来稀释心中的不愉快。

● 案例场景

张惠是一位保险销售人员，在刚开始工作的时候，她每天打上百个电话但很难有成功的。每天下班之后，她都会垂头丧气，又累又委屈。连续一个星期下来，她觉得再这样下去就完了，每天听到的都是不断的拒绝，有时甚至是恶语相向。

于是，张惠决定通过其他的渠道来稀释心中的不快，下班之后她会约朋友喝茶、逛街。这样快乐多了，烦恼的事自然不会再纠缠不休了。

（三）蒸馏法

日本可以说是一个"工作狂"的民族，许多人压力都非常大，而他们采取的控制情绪的方法就是蒸馏法。

蒸馏法也可以称为提升生命价值法，说得通俗一点，就是工作后积极充电，增强自身竞争优势，活出自信。

俗话说"艺高人胆大"，如果电话销售人员专业而又经验丰富，能力很强，遇到问题能够轻而易举地解决，那么工作起来当然充满自信，就算有点儿小挫折，也很容易消化。电话销售人员如果能够通过不断学习、总结，提升自己的能力，那么其本身抵御外界伤害的能力也会增强。

（四）过滤法

谁都不希望忧愁和烦恼与自己为伴，电话销售人员也希望自己能够快乐、自信。要想自己过得开心，一定要将那些坏情绪过滤掉。

现在很多企业都在大力提倡"5S"管理，所谓的"5S"管理就是"清理、清洁、整理、整顿、素养"五个词的日文缩写。

电话销售人员的情绪也可以采用"5S"法来进行过滤，要时刻学会清除掉精神上的垃圾，把那些影响自己工作的负面情绪清理掉，然后重新整理自己的思路，并养成这样的习惯，那么电话销售人员每天工作起来就会精神百倍了。

（五）化学法

科学发现自然界的某些香味对调解人的情绪有神奇的功效。所谓"化学法"，就是利用一些科学发现来调节情绪。

● 技巧训练

1 苹果的香味可使人镇静，并安然入睡。当电话销售人员心情紧张时，不妨在旁边放上几个苹果，可以很快让自己心情舒畅，恢复平静。

2 当然，时下流行的香薰理疗，也正是利用了某些花草的芬芳可以调节情绪这一原理。

3 不同的音乐有不同的旋律和节奏，当旋律和节奏刚好吻合了神经运动节奏时，会有一种特别舒畅的感觉，心情也可以得到极大的放松。

（六）替换法

浊水变清最快速的方法就是将浊水倒掉，直接装一杯清水。电话销售人员要想最快消除自己的坏心情，应该换一个角度来看待同一件事情。

乐观的人打开窗户，看到的是满天的星星，而悲观的人，却看到了星星后面的乌云。所以电话销售人员，要用积极的态度来看待事情。

销售技巧 当电话销售人员能够积极的消除不良情绪时，才会避免更多的抱怨和埋怨，以解决问题的心态来面对客户，不仅自己得到放松，工作也会更加顺利。

六、电话挖掘新客户技巧，轻松搞定 98% 的客户

电话挖掘新客户的技巧是销售能力的体现，也是一种工作的技能。销售就是人与人沟通的过程，宗旨是动之以情，晓之以理，诱之以利。只有真正打动对方的心，才能将其变为客户。

特别提示

> 一般而言，陌生销售是很难一次就达成的。要想成功交易可分为三部分：第一次电话拜访；第二次电话跟进；第三次促成交款。走好这三步才能轻松搞定潜在客户。

（一）首次打电话的三大技巧

电话销售人员给客户首次打电话是十分重要的，这也是达成交易的基础。对于陌生人的电话，客户多多少少会有些戒备心理，所以销售人员一定要掌握好首次打电话的三大技巧。

1. 让客户说是，不给客户拒绝的机会

电话销售人员第一次给客户打电话可以提到产品，但千万不要直接询问客户是否需要。因为第一次打电话，客户对销售人员还是存有戒备心理的，只要一问他是否需要，他很可能马上回答不需要，然后挂掉电话。

电话销售人员可以询问客户一些肯定回答的问题。比如，"这几年网络电子商务发展得很快对吗？"

2. 通话结束后，找到下一次电话跟进的理由

通话结束时，电话销售人员不要急忙挂掉电话，一定要给自己下一次电话跟进找到一个正当理由，让下一次的电话顺理成章。每增加一次沟通，成交机会就增加一些。

3. 确保对方保存你的电话号码

电话销售人员在给客户留电话号码的时候，一定要确保对方已经记录下来，这样万一客户真的需要的时候，才可以保证能顺利的联系到你。

电话销售人员给客户留下电话号码之后，可以让客户再报一遍他所记得号码。

因为一般人们都是随口记一下，或者敷衍一下而没记，这样一问就使得客户必须要记号码了。

（二）第二天电话跟进的技巧

跟进是与客户建立良好关系的重要工作。在跟进时，销售人员要了解客户在干什么，探讨产品如何惠及他们，以及客户遇到了哪些麻烦并帮忙解决。

电话销售人员要经常去跟踪客户对产品的反应，建立客户对产品和服务的信任，增加他们对公司和产品的好评。

1. 真实的谎言

这是销售过程中最核心的部分。所谓真实的谎言就是，一些可以让客户产生有利于商家的联想的事实，而客户联想的事实不是事实。

● 销售案例与分析

为了让客户更加相信自己的产品，张婷在跟进客户时总是这样说："90%以上的客户使用了我们的产品都很满意。"张婷这样说，很多客户会觉得她的产品很好，值得信赖。

真的如此吗？其实，她只调查了10个人，其中9个人没说产品不好而已。她这样说也并不算撒谎，但听在客户耳中却变成了另一个意思。

2. 避实就虚

有时客户会问电话销售人员一些致命的问题，对此要想办法避开他的话题，说一些貌似相关的话，巧妙地回避，对此很多人是反应不过来的。

3. 营造产品稀缺的气氛

越是稀缺的产品，客户的购买欲望就越大。因此，电话销售人员一定不能让客户觉得这个产品和服务是随时随地都有的，一定要让他感觉到产品稀缺，数量有限。

4. 博得客户的理解和同情

如果客户提出了一些不利于销售的条件，电话销售人员要让客户知道这样做让你很为难，会给你造成损失或者伤害。

5. 让客户很难才达到自己的目的并珍惜交易

要让客户觉得这个销售结果是很难才争取到的，让他困难的达到他的目的，那么他就会珍惜，并最终进行交易。整个过程中都强调这个很可能争取不到，当然最后都很"惊险"的争取到了。

（三）委婉催客户交款

电话销售的最终目的就是成交，但如果客户不交款也是白搭。如果电话销售人员直接打电话催款会让客户反感，不催的话对公司也不好交代。因此，电话销售人员催款的时候要委婉。

● 销售案例与分析

如果是电话销售，客户在汇款之后是要把汇款单给销售人员传真过去的，以此证明交款了。

销售人员："蒋先生，您好！我们刚刚收到了一张汇款单，显示的是你们那边的区号，请问这张汇款单是您的吗？"

打电话的销售人员真的收到了这张汇款单吗？根本没有，他只是委婉地提醒对方应该交款了。

销售技巧

> 要想收获，必先付出。电话销售人员应该珍惜每一次与客户沟通的机会，运用正确的策略，快速而又准确的与客户达成交易。

第12章

淘宝销售细节——
提高店铺成交量的秘诀

销售细节

　　淘宝上卖家云集，消费者的选择面也越来越广。要想战胜其他卖家，吸引更多的顾客，就必须做好销售细节，正确运用销售技巧。

一、让网店生意火爆的定价绝招

网店要想生意好，价格吸引顾客是最有效的手段。往往那些成功的经营者，都能巧妙地利用定价来吸引顾客，既满足了顾客的需求，也得到了丰厚的回报。

价格因素是买卖双方必须要面对的问题。卖家要根据自己的情况来衡量，同时也要根据客户的情况来制定价格。以下是几种定价妙招：

（一）同价销售术

● **销售案例与分析**

英国有一家小店，经营的都是一些小件商品，价格都是 1 英镑，但生意就是不景气。

一天，店主灵机一动，贴出一张告示：只要顾客出 1 英镑，便可在店内任选一件商品。好奇的顾客看到告示后，以为该店大清仓，纷纷购买。店主这一定价方法招徕了大批顾客，销售额比附近几家百货公司都高。

在国外，比较流行的同价销售术还有分柜同价销售。比如，有的小商店开设 1 分钱商品专柜，1 元商品专柜，而一些大商店则开设了 10 元、50 元、100 元商品专柜。

特别提示　相对而言，网店比实体店对产品质量要求还要高，网店还要看信誉和好评。所以同价销售术不建议常用，可以作为促销手段或在店铺内开设专门分区。

（二）分割法

分割法就是一种心理策略。价格是顾客最为敏感的，因为这是从他口袋中出来的金钱。在定价时一定要让顾客感觉你只是要他口袋中的一小点儿钱，而不是特别多。采用此种定价方法，能让顾客感觉价格有便宜感，顾客才更容易接受。

用较小的单位报价

比如，茶叶每公斤 500 元，报成每 10 克 5 元；巴黎地铁的广告是："只需付 30 法郎，就有 200 万旅客能看到您的广告。"

分割法的两种形式

用较小单位商品的价格进行比较

比如，"每天少抽一支烟，即可订一份报纸。""使用这种电冰箱平均每天 0.2 元电费，只够吃一根冰棍！"

（三）非整数法

俗话说："差之毫厘，失之千里。"但是，销售定价差之毫厘却能决胜千里。销售专家将以零头结尾的价格称为非整数价格，这种定价极能激发消费者的购买欲望。这种定价方法利用的就是消费者的心理错觉，认为零头价格比整数价格低的感觉。

有时，价格差一点儿，消费者的购买欲望要前进一大步！

● 案例场景

一家服装网店新上一批裙子，以每条 80 元的价格销售，希望能够薄利多销，但购买者并不多。无奈之下店主决定降价，但之前定价就没有比成本高多少，所以只降了 2 元，价格变成 78 元。

想不到就是这 2 元之差竟然使局面陡变，销量大增。店主欣喜之余，感叹道："只差 2 元啊！"

● 案例分析

通过案例可以看出，"非整数价格法"的确能够激发消费者良好的心理呼应，获得明显的经营效果。虽然非整数价格与整数价格相近，但给予消费者的心理信息有很大的差别。

（四）弧形数字法

所谓的弧形数字法，是在定价时选用一些带有弧形线条的数字。据国外市场调查发现，在生意兴隆的超市和商场中，定价使用频率最高的数字依次是5、8、0、3、6、9、2、4、7、1。这种现象不是偶然出现的，究其根源是顾客消费心理的作用。

● 技巧训练

1 带有弧形线条的数字，如5、8、0、3、6等似乎不带有刺激感，容易被顾客接受。

2 相对而言，不带有弧形线条的数字，如1、7、4等就不大受消费者的欢迎。

当然，在价格数字应用上也可以从人们的喜好着手。许多人喜欢"8"，认为它会给自己带来发财的好运；"4"因为与"死"同音，被人们忌讳；"7"也会让人们感觉不舒心；因中国北方地区有六六大顺的说法，所以"6"还是比较受欢迎的。

销售技巧　　　在实施定价之前，一定要明确自己的定价目标。定价目标是卖家希望通过产品价格达到的目的。同时，定价时也要考虑到消费者的购买心理，以此激发消费者的购买欲望。

二、淘宝网店商品的涨价技巧

淘宝网店的价格并不是一成不变的，有时市场的变动等原因也会导致商品涨价，这并不是店长故意而为之。商品的价格也会随着市场和环境的变化而变动，商品的价格与店主的收入密切相关，因此店主要掌握商品的涨价技巧，不要吓跑顾客。

特别提示

商品涨价的方式有很多，店主不能过于害怕涨价，而必须在经营中做到即使涨价，也不会遭到买家的反对，还会吸引买家上门，所以店主必须针对不同时期、不同商品以及卖家的不同心理，采取适当的提价技巧。

（一）公开采购成本

现在什么东西都涨价，包括原材料、人工等，如果商品的采购成本上涨了，那么商品的售价也需要相应提高一些。

但是商品售价的提高可能会引起消费者的不满，为了减轻消费者的抵触心理，店主可以把商品采购的成本真实情况向买家公布，以此说服买家接受涨价的事实。

（二）部分商品分别涨价

店主能一次将所有产品都涨价吗？当然不行。商品涨价可分为全部涨价和部分涨价两种形式。如果采用全部商品涨价，很容易遭到买家的抵制，这样不仅赚不到钱，还会造成老客户的流失。

因此，店主应该采取部分商品涨价的策略。对于部分涨价的商品，随着时间的推移，消费者会对原来无法接受的价格逐渐适应，销售量也会稳步上升。这种办法相对来说比较安全。

（三）选择适当的涨价时机

店主在提价的时候也要找好时机，如果时机不对，消费者也是很难接受的。恰当的涨价时机主要有以下几个：

01 买家皆知采购成本上涨时

季节性商品换季时 02

03 年度交替时

传统节日和传统习俗时期 04

（四）注意涨价幅度

一般情况下，消费者并不关心涨价的原因，而只担心涨价后的价格与心目当中的价格是否接近。

因此，如果需要调整的价格幅度较大时，应采取分段调整法，一次涨价幅度不宜过大。从经济数据来看，一次涨价幅度不宜超过 10%。

销售技巧

> 商品涨价并不会损害商店的正常收益，所以在涨价时也要顾及到消费者的心理，采用一些涨价技巧让顾客更容易接受。

三、淘宝网店商品的降价技巧

现在淘宝店铺的竞争压力越来越大，让许多卖家都感觉十分吃力，为了吸引到更多的顾客可谓各显神通。现在的消费者都希望能够买到物美价廉的商品，所以许多商家会采用降价的策略来吸引消费者。

> **特别提示**
>
> 　　商品降价可能会导致多销，也可能会引发滞销。因此商品降价需要掌握一定的技巧。

（一）商品降价的理由

　　降价的基本原则是让消费者感觉这是一次绝好的购买机会。但是降价一定要师出有名，巧立名目找出一个合适的降价理由，不能让消费者认为降价是因为商品卖不出去或者质量等原因。在降价时商家可用以下几个理由：

季节性降价
如反季促销

特殊原因降价
如改变经营方向

01

02 **节日大酬宾**
如双十一

04

03

商家庆典活动降价
如销售额突破千万

（二）降价操作技巧

　　降价肯定能吸引更多的顾客吗？不一定。有些顾客会经不住优惠而产生强烈的购买欲；有些顾客可能会对产品的质量产生怀疑，从而拒绝购买。因此，商家在降价时一定要掌握操作技巧。

1. 控制好成本

　　影响赚钱的因素很重要，在降价营销时必须把握好，不能盲目杀价，应考虑到成本，在此基础上进行一定程度的降价促销。

2. 降价幅度

　　可以对商品进行降价，但降多少才是最合适的呢？降的幅度小，对顾客也没有吸引力；降的幅度过大，不仅自己没有利润，顾客还可能认为产品质量有问题。

为此，店家一定要认真考虑降价幅度的问题了

● 技巧训练

1 如果降价幅度在 5%以下，几乎收不到什么促销效果。

2 降价幅度至少要在 10%～20%，才会产生明显的促销效果。

3 降价幅度超过 40%以上时，必须说明大幅降价的充分理由，否则买家会怀疑这是假冒伪劣的商品，反而不敢买。

3. 控制好降价品种

商家要控制好降价的品种，有策略的进行降价更能吸引消费者的注意力。比如，几种商品大幅度降价比许多商品小幅度降价效果更好。

如果商家将所有的产品同时降价，顾客也不会太过关注；相反，有选择的降价，顾客的眼光会集中在部分产品上，销售量自然也就上去了。

4. 做好服务

只有做好服务，才能使自己的降价具有杀伤力。如果没有良好的服务来支持，只是纯粹的降价，作用也是有限的。

5. 不宜频繁降价

尽管频繁降价能够短时间内减少库存压力，增加客户和收入，加速资金回笼，减少资金短缺等，但也会使顾客产生不良心理反应。

而且频繁降价也不利于公司的形象，对公司的长远发展不利，会减少产品利润，而且频繁降价会使老客户受伤，至少会心里感觉不舒服，也就是会减少客源。

在整体行业都降价的大环境下，频繁降价是一种恶性竞争的行为，不利于行业整体的发展。

销售
技巧

降价时应该考虑得最重要的因素还是消费者的反应，因为降低商品的价格是为了促使消费者购买商品，只有根据消费者的反应进行降价才能收到好的效果。

四、淘宝店铺对外推广的技巧

网上开店的人数日益增多，竞争也愈演愈烈。为此有些卖家总是抱怨自己的生意不好，但又不知道具体怎么做推广，只是每天长时间的守在电脑旁边等待顾客的到来，最后把自己的热情和自信心都等没了。

其实，网络推广有很多方法和技巧，掌握了推广的方法和技巧，一切都会水到渠成。

（一）利用搜索引擎宣传

众所周知，搜索引擎是进行信息检索和查询的专门网站，是许多网友查询网上信息和在网上进行冲浪的第一去处。因此，利用搜索引擎是推广和宣传淘宝店铺的首选方法。在越多的搜索引擎上进行宣传，淘宝店铺被访问的可能性也就越大。

1．网店提交到各大搜索引擎

虽说在搜索引擎注册是使网店扬名的好办法，但也要注意技巧问题。淘宝店铺并非注册了就万事大吉，搜索关键词的作用非常重要。所以店主对于关键词如何写，位置如何摆放都要下一番心思。

2．让搜索引擎快速收录自己的店铺

一般情况下，提交后搜索引擎需要较长时间才会收录，为了快速被收录，店主可以尝试以下技巧。

由于搜索引擎是按照 PR 值来恒定一个网站受欢迎的程度，所以可以到一些 PR 值比较高且与店铺内容相关的网站社区论坛发布信息，在信息后加上签名，注意必须是活动的签名，也就是必须能链接到你的店铺。

由于搜索引擎对 PR 值高的网站进行抓取信息比较频繁，因此能最大限度检测到店铺的活动链接，如果链接出现的频率高，就会引起注意从而被抓取后收录。

（二）利用即时聊天工具推广

聊天工具具有实时、快速的特点，网店卖家要利用好聊天工具对店铺开展宣传工作。

很多人上网的主要目的就是交流，想要交到更多的朋友，当然要通过 QQ、微信等聊天工具。店主可以在这些聊天工具上适时地向网友发出邀请，请他们访问您的店铺，并谦虚的请他们对店铺提出宝贵意见。

在与网友聊天之际，不妨把店铺特色产品大肆宣传一番，吊足网友们的胃口，吸引其前去挑选。

● 技巧训练

1 与网友聊天，交流第一，需要掌握好度。切不可完全变成了广告，否则会适得其反。

2 头像和签名需要设计好。头像可以专门设计一个，宣传自己的品牌，签名可以加入店铺的介绍和链接。

3 发帖要求质量第一，不在乎发的数量多少，发的地方多少，帖子的质量非常重要。发帖是为了让更多的人看，变相的宣传自己的店铺。

（三）邮件推广，也能让你流量上万

如果淘宝卖家有许多朋友和客户的电子邮件地址，也可以考虑利用电子邮件来通知他们访问。用这种方法来做店铺宣传，关键之处在于要留心手机用户的电子邮件地址。拥有的邮件地址越多，也就意味着更大的访问量。

店主也可以利用邮件收集工具，只要输入关键字就可以搜索想要的邮件，然后利用邮件群发工具把店铺的情况发到潜在客户的邮箱。

一封好的邮件可能会给店铺带来很大的流量，所以店主要特别注意邮件的编辑。

● 技巧训练

1　邮件标题非常重要，这关系到读者是否愿意打开。标题要吸引人、简单明了，不要欺骗。

2　邮件中尽量少用特价、金额等显眼字，也不能用红色字体。防止被过滤为垃圾邮件。

3　内容采用 HTML 格式比较好，另外排版一定要清晰，这样他人才愿意看。

4　每天给自己定一个目标，比如，一天发 500 封邮件，如果你手头有客户的邮件效果更好。

（四）淘宝开店博客营销必不可少

博客原本只是记录个人生活、工作的网络空间，但在其发展过程中逐渐成为一种网络营销的手段，形成了博客营销。

现在很多人都写博客，而更多的人都在看他人的博客。热门博客更是具有超千万的惊人点击量，利用好博客推广自己的淘宝店铺也会带来非常不错的网店流量。

● 案例场景

野兽派花店最初只是通过微博来销售，没有网站，也没有实体店。为了减少库存和降低成本，野兽派花店没有已经扎好的一捧捧花束，也没有太多花的品种的选择，都是顾客在预订了之后用当季的时令鲜花来搭配。

既然选择有限，购买的花束也无法亲自挑选，野兽派为顾客特别提供的就是量身定制。野兽派的劣势也正是它的优势。耐心地听每一个顾客提更详尽的要求，为他们每一个人制作不同的花束，野兽派的店主开始在微博上讲人生百态的花店故事。

"顾客订制多肉盆景，赠送属牛的男士，要求里面有头牛。花艺师请采购部帮忙找……今早花艺师火急火燎打来电话：'牛收到了，为什么是头奶牛？'"

"顾客要求，为了纪念一段希望渺茫的感情——买鲜花但不拿走，存放在店里，让它自然枯萎腐烂，一年后发照片给他就行。"

花店讲的形形色色的故事让每条微博的转发成千上万。野兽派也有了自己的网站，如今有了 6 家实体店。正如野兽派自己在网站上说的"感谢那些有故事的人们，野兽派才成为一个温暖有爱的小世界"。

目前，比较有影响力的博客主要有以下几个网站：

新浪博客：http://blog.sina.com.cn

搜狐博客：http://blog.sohu.com

网易博客：http://blog.163.com

百度空间：http://hi.baidu.com

天涯博客：http://blog.tianya.cn

博客网：http://www.bokee.com

博客大巴：http://www.blogbus.com

销售技巧

　　如何做好网店宣传？不论要宣传什么，都要让店铺信息尽量多的在网络中展现。所以淘宝店铺除了内部推广，也要做好外部推广工作。淘宝店主借助外界的论坛、微博、微信等工具进行宣传和推广也不失为好办法。

五、网店沟通与服务技巧

网络是一个虚拟的平台，顾客看不到你的表情，听不到你的声音，能够接触到的仅仅是你热情洋溢的字眼。如果你的文字没有让人感觉到亲切和热情,顾客也很难对你的店铺留下良好而深刻的印象。

特别提示

商品评价里常常可以看到称赞或抱怨客服态度的话语,可见客户对客服的态度还是十分在意的,这可能直接影响到对店铺的印象。

(一)与客户沟通的原则

很多时候,人们之间的感情和事情转变的关键就在于沟通,或者说沟通对于人类的重要性毋庸置疑,所以才有了语言的变迁和推广。对于看不见真人、听不见声音的网络销售,沟通就显得更加重要。

淘宝的客服和掌柜在与客户沟通时要遵循一些最基本的原则,既不能损害网店的利益,也不能给客户留下不好的印象。

1. 双方地位平等

在淘宝中买卖双方的地位是平等的,新店的掌柜不用以哀求巴结的姿态来对待买家,那样会让人怀疑商品的质量和店家的专业水平。

高级店铺更不能以专业自居,居高临下的态度会让买家心情不愉快,即使商品没什么问题,恶劣的态度也可能给网店带来中评或差评。

店家对待顾客应该平等亲切热情,以通俗易懂的话语向客户介绍自家店中的商品,并且在解释中要有十足的耐心。

2. 给客户留面子

在买方市场中,买家有着众多的选择机会,购买的不仅仅是商品,也是商家的服务。所以在交易沟通中,一定要照顾买家的面子,让对方感觉到了足够的尊重。

3. 坚守网店的利益

客服在与买家沟通的过程中,经常会遇到买家讨价还价的问题。面对这种情况,客服一方面要照顾买家的礼仪,一方面也要确保网店的收益,对商品的价格要坚守底线,千万不要为了讨好买家而损害了网店的利益。

（二）与客户沟通中的技巧

和顾客沟通时，还可以利用一些小技巧，这些技巧可以让顾客在短时间内相信你的见解，对你的推荐和介绍表示理解和信任。

1. 使用亲切活泼的语言风格

亲切活泼的语言风格同时反映卖家的一种态度，亲切的语言让人感觉到善意和没有距离感，活泼的风格给人感觉卖家热情开朗、精力充沛。在沟通中，客服的说话方式是非常重要的，不同的字词表达相同的意思，但可能达到完全不同的效果。

如下表所示的对比举例。

项目	不适当的用词	适当的表达
是否尊重	你	您
是否有人情味	不行	真的不好意思哦
是否态度积极	嗯	好的，没问题
态度是否柔和委婉	不接受见面交易	不好意思，我平时很忙，可能没有时间和您见面，请见谅

2. 少用"我"，多用"您"

在沟通中多站在对方的角度考虑问题，称呼对方时要多用尊称"您"。在沟通中，多写一些短句，尽量不要写太长的句子让买家久等，尽量少用"我"开头的句子，让买家感觉到你是在从心底出发为对方服务，而不只是为了自己盈利。

● 案例场景

淘宝客服可将旺旺语言设置为：

"您好，我是客服××。很高兴为您服务，有什么可以为您效劳的。小店可发申通、圆通、韵达快递哦，不到的请联系我们客服。"

3. 多使用旺旺表情

旺旺表情很丰富，可以帮助表达卖家的情绪，也可以避免纯文字阅读的无聊和枯燥，文字的理解相对于图片来说总是比较耗费心力的，很多买家也会觉得太为冗长的文字交流枯燥又费力。

因此，多使用表情使人们更能感受到卖家的积极和热情，更能感受到确确实实在跟人交流，而不是虚拟的，看不见摸不着的网络。

● 销售案例与分析

对旺旺表情善加利用会使聊天变得轻松和充满趣味。

例如，在客户进店打招呼时，一个大大的微笑会使人心情愉悦；在客户咨询完毕表示感谢时，一个带着见到手的大大笑脸会让人们心情愉快的离开聊天页面。好心情当然会带来好的结果，心情愉悦的咨询一般情况下都可以达成交易。

4．认真倾听，充分了解顾客的需求

对于一些不太熟悉网购的买家，可能咨询的时候，问题会显得莫名其妙。比如，"我送妈妈这件衣服会不会显得太老？""这件衣服的尺寸是不是合适我？"

这时先不要忙着给答案，首先要明白买家看中的究竟是哪件商品，买家自身的情况又是什么样的，把现实情况了解清楚之后，再对买家的问题给出参考性的意见。

需要注意的是，客服和掌柜给出的意见永远只能作为参考，不可以代替客户做出决定，在沟通时也要留有余地，千万不要把话说得太绝对。否则后果一旦和预想的有偏差，就会招来客户的怨愤。

● 技巧训练

1 可以通过设置快速回复提前把常用的句子保存起来，这样在忙乱的时候可以快速回复顾客，节约大量的时间，达到事半功倍的效果。

2 通过旺旺的状态设置，可以给店铺做宣传，比如在状态设置中写一些优惠措施、节假日提醒、推荐商品等。

3 如果暂时不在座位，可以设置"自动回复"，不至于让顾客觉得没人搭理。在自动回复中加一些自己的话语也能起到不同的效果。

（三）面对纠纷如何处理

在人与人之间的沟通中，产生纠纷是很正常的，因为每个人都是有自己独特意识的个体。在淘宝的交易中就更是如此，买卖双方本来就是出于利益的对立方，产生矛盾和纠纷是在所难免的。产生纠纷之后，不要逞一时的口舌之快，解决问题才是最关键、最重要的。

防范措施只能尽量减少纠纷问题，但是一个网店在经营过程中，想要绝对不出现纠纷几乎是不可能的。那么，出现了纠纷之后应该怎样去解决呢？这里为你整理出一些常用的有效解决办法。

1. 找到纠纷缘由

淘宝卖家在与客户出现纠纷的第一时间，不要慌乱，更不要着急，只有冷静应对才能保持头脑清醒。可以通过与客户良好沟通，先弄明白问题究竟出在哪儿，这是解决问题的第一步。

2. 安抚顾客情绪

对于商品和服务的不满，消费者可能情绪不好，说话也非常不客气。如果客户的情绪比较急躁，应该先安抚一下客户的情绪，使客户能够心平气和地与自己沟通问题。

3. 分析问题经过

和客户一起分析问题产生的原因，分析问题出现的责任方，尝试一起去解决问题。谨记：千万不可以推卸责任，如果是自己的责任，一定要勇于承担，尽快解决问题。

4. 提出解决方案

在分析问题之后，卖家应该尽量多提出几套解决方案，让客户从中选择。当然，解决方案也要尽量少损害自己的利益。如果可以，还应该尽量照顾客户的利益。

5. 使用优惠措施

如果需要，在可以接受的范围内，给予客户一定的优惠措施，这样可以弥补自己的一些过失，还可以给客户留下一个好印象。

一般情况下，淘宝中的纠纷可以分为两类：一是商品质量问题，二是物流问题。商品质量问题的原因多是卖家在商品详情页面描述不够真实，或者商品有损坏。物流的问题主要表现在快递员态度不好，时间过长等。

其实，这些问题并不难解决，只要卖家能够做到发布商品实事求是，对物流适时催促即可。

淘宝店铺的交易产生于问题的解决过程中，所以淘宝卖家应该处于一种积极、主动的态势，不能给消费者留下态度不好的印象，否则会在一定程度上影响店铺的信誉和业绩。

销售技巧

　　每一家店铺都有客服，都需要与顾客沟通，如果沟通与服务细节能够做好会吸引更多的客户，而这也是店铺形象的一个体现，所以网店要格外注意。